Descomplicando o BrOffice para Concursos

TEORIA, PRÁTICA E QUESTÕES

3ª EDIÇÃO REVISTA E ATUALIZADA

Preencha a **ficha de cadastro** no final deste livro
e receba gratuitamente informações
sobre os lançamentos e as promoções da Elsevier.

Consulte também nosso catálogo completo,
últimos lançamentos e serviços exclusivos no site
www.elsevier.com.br

SÉRIE PROVAS E CONCURSOS

Descomplicando o BrOffice para Concursos

TEORIA, PRÁTICA E QUESTÕES
3ª EDIÇÃO REVISTA E ATUALIZADA

Reynaldo Telles

ELSEVIER

CAMPUS
CONCURSOS

© 2011, Elsevier Editora Ltda.

Todos os direitos reservados e protegidos pela Lei nº 9.610, de 19/02/1998.

Nenhuma parte deste livro, sem autorização prévia por escrito da editora, poderá ser reproduzida ou transmitida sejam quais forem os meios empregados: eletrônicos, mecânicos, fotográficos, gravação ou quaisquer outros.

Revisão: Hugo de Lima Corrêa
Editoração Eletrônica: SBNIGRI Artes e Textos Ltda.

Coordenador da Série: Sylvio Motta

Elsevier Editora Ltda.
Conhecimento sem Fronteiras
Rua Sete de Setembro, 111 – 16º andar
20050-006 – Centro – Rio de Janeiro – RJ – Brasil

Rua Quintana, 753 – 8º andar
04569-011 – Brooklin – São Paulo – SP – Brasil

Serviço de Atendimento ao Cliente
0800-0265340
sac@elsevier.com.br

ISBN 978-85-352-4223-2

Nota: Muito zelo e técnica foram empregados na edição desta obra. No entanto, podem ocorrer erros de digitação, impressão ou dúvida conceitual. Em qualquer das hipóteses, solicitamos a comunicação ao nosso Serviço de Atendimento ao Cliente, para que possamos esclarecer ou encaminhar a questão.
   Nem a editora nem o autor assumem qualquer responsabilidade por eventuais danos ou perdas a pessoas ou bens, originados do uso desta publicação.

CIP-Brasil. Catalogação-na-fonte.
Sindicato Nacional dos Editores de Livros, RJ

T275d
3.ed.

Telles, Reynaldo, 1953-
   Descomplicando o BrOffice para concursos: teoria, prática e questões / Reynaldo Telles. – 3.ed. – Rio de Janeiro: Elsevier, 2011.
   168p. – (Provas e concursos)

   Inclui bibliografia
   ISBN 978-85-352-4223-2

   1. BrOffice.org (Recurso eletrônico). 2. BrOffice.org (Recurso eletrônico) – Problemas, questões, exercícios. 3. Software integrado – Problemas, questões, exercícios. 4. Software de aplicação – Problemas, questões, exercícios. 5. Serviço público – Brasil – Concursos. I. Título. II. Série.

10-4625.

CDD: 005.1
CDU: 004

Agradecimentos

A Deus, que me orientou e me guardou durante todos os momentos em que executei este trabalho.

A Valéria, minha querida esposa e meu sustentáculo espiritual, e a Rodrigo e Marjorie, meus filhos, cada dia mais amados, pelo apoio, incentivo e participação nesta obra.

A você, meu amigo e aluno, das salas de aula ou do meu sítio na Internet, pelas perguntas, sugestões e tantas e carinhosas palavras de apoio que me fizeram ver o verdadeiro sentido de produzir este livro.

Reynaldo Telles

O Autor

Pós-graduado em Análise de Sistemas pela Uneb – DF, Reynaldo Telles é consultor em Informática para concursos pelo site www.rtell.com.br e professor de cursos de preparação para concursos públicos no Rio de Janeiro, como Aprimore Concursos, Instituto Caetano Andrade, Companhia dos Módulos, Degrau Cultural, entre outros.

Foi instrutor de Informática para Cursos na Marinha de Guerra (CIAA) e na Escola de Guerra Naval (1997-2000) – RJ; chefe da Divisão de Análise de Sistemas do Comando de Operações Terrestres do Exército Brasileiro; e coordenador de Informática da Secretaria de Assuntos Estratégicos da Presidência da República – DF (1994-1997).

Trabalhos publicados:
- *Informática para Concursos* – com Robson Aquila – Editora Degrau Cultural (2005).
- *Descomplicando a Informática para Concursos* – Editora Campus/Elsevier (2009).
- CD de treinamento para Concursos.

Nota do Autor

Há algum tempo iniciamos nossa viagem em trabalho anterior que recebeu o nome de *Descomplicando a Informática para Concursos*. Mas ainda não tínhamos como saber quais seriam os resultados. Havia muita fé, alegria e esperança. Mas, como tudo na vida, só o tempo tem as respostas.

E foi assim que constatamos o que sempre soubemos. O sucesso não estava na chegada, mas ao longo de toda a viagem. E, quando percebemos isso, concluímos que não deveríamos mais parar.

Por isso, mais uma vez, é um enorme prazer ter você ao meu lado para continuarmos nossa jornada, agora em *Descomplicando o BrOffice para Concursos*.

Se um dia tivemos dúvida, agora temos a certeza de que *"o que torna irrealizável um sonho não é o sonho em si, mas a inércia de quem sonha"*.

Boa viagem!

Apresentação

Apresentar a nova obra deste autor, hoje um dos mais didáticos entre tantos que se dedicam a escrever livros técnicos, é para mim motivo de júbilo e satisfação.

O professor Reynaldo Telles, companheiro antigo de caminhada, desenvolveu-se nas lides da computação, mesclando os bancos escolares, a cátedra e a prática diuturna da Informática nos altos órgãos públicos por onde passou.

Sua nova obra trata de um dos mais palpitantes e discutidos temas da atualidade: o uso de *software* livre, nesse caso o BrOffice (por enquanto a única opção em português do já conhecido mundialmente OpenOffice), estudado pelo Comitê de Implantação do *Software* Livre no Governo Federal (CISL) para sua adoção em todas as esferas de Governo, o que o coloca como tema prioritário nos mais variados concursos públicos federais.

Ao folheá-la, o leitor se surpreende pela facilidade com que absorve quase intuitivamente o BrOffice, pois as fartas ilustrações acompanhadas de detalhadas informações facilitam a memorização das suas mais importantes funcionalidades, a ponto de não só torná-lo um bom usuário, como também responder com muita propriedade a respeito do tema em provas de concursos.

Não obstante o conteúdo da obra, o autor mantém um site gratuito na Web – www.rtell.com.br –, em interface direta com seus leitores.

Portanto, divirtam-se ao tempo em que aprendem!

Prof. Dr. Álvaro José Almeida Simões Branco
Diretor geral da UniFAIMI – Mirassol/SP

Sumário

Como usar este livro? 1
   O que este livro não é? 1
   O que este livro é? 1
   Como estudar os assuntos 2
Introdução ao BrOffice 3
O Writer, um processador de textos 5
   Exercícios de Fixação 6
   A área de trabalho do Writer 6
   A barra de ferramentas padrão do Writer 7
      Funções dos botões 7
   A barra de ferramentas formatação 12
      A barra de status do Writer 15
   Exercícios de Fixação 17
   Configurando o BrOffice.org 18
   Editando documentos 18
      Selecionando trechos de textos 19
         Seleção normal de palavra ou trecho com o mouse 19
         Seleção de uma palavra com duplo clique no botão esquerdo do mouse 19
         Seleção de uma sentença com triplo clique no botão esquerdo do mouse ... 20
         Seleção de um parágrafo com quádruplo clique no botão esquerdo do mouse 20
         Seleção de um trecho qualquer com a combinação de teclas 20
      Movimentando o cursor no documento 21
   Os menus de comando 21
      Menu Arquivo (Alt+A) 22
         Comandos do Menu Arquivo 22
   Exercícios de Fixação 25
      Menu Editar (Alt+E) 26
         Comandos do Menu Editar 26
   Exercícios de Fixação 29

Menu Exibir (Alt+X)	30
Comandos do Menu Exibir	30
Exercícios de Fixação	32
Menu Inserir (Alt+I)	32
Comandos do Menu Inserir	33
Exercícios de Fixação	38
Menu Formatar (Alt+F)	38
Comandos do Menu Formatar	39
Exercícios de Fixação	45
Menu Tabela (Alt+T)	45
Comandos do Menu Tabela	46
Exercícios de Fixação	51
Menu Ferramentas (Alt+R)	51
Comandos do Menu Ferramentas	52
Exercícios de Fixação	58
Menu Janela (Alt+J)	59
Menu Ajuda (Alt+U)	59
Exercícios – Writer	60
O Calc, uma planilha eletrônica	**67**
O Calc, o que é?	67
Como estudaremos o Calc	67
Que tipos de arquivos o Calc pode produzir?	67
Como o Calc organiza o seu trabalho?	68
A área de trabalho do Calc	69
Exercícios de Fixação	70
Selecionando células no Calc	70
Ativando uma célula	70
Selecionando células adjacentes – Métodos 1 e 2	70
Selecionando células adjacentes – Método 3	71
Selecionando células não adjacentes	71
Selecionando uma coluna	72
Selecionando uma linha ou toda a planilha	72
Alterando a largura das colunas e linhas	73
Inserindo, excluindo, renomeando, movendo e copiando planilhas	74
Editando uma célula	74
Alterando dados digitados	76
Copiando e colando dados	76
A barra de ferramentas padrão do Calc	76
Funções dos botões	77
Tipos de gráfico	80

A barra de ferramentas formatação do Calc 81
Exercícios de Fixação 86
Formatando células – estilos e formatação e formatação condicional 86
    Estilos e formatação 87
    Formatação condicional 87
    Como fazer? 88
As listas de classificação do Calc – preenchimento automático de dados 89
Usando as listas 90
As funções e fórmulas no Calc 91
    Entendendo as fórmulas e funções 92
    Analisemos as fórmulas e funções apresentadas na planilha anterior 93
    Outras funções 94
Referência Relativa 99
Referência Mista 100
    Um outro exemplo 102
Referência Absoluta 102
    Quadro-resumo 103
Exercícios de Fixação 103
Fazendo cálculos entre planilhas 103
Exercícios de Fixação 105
Exercícios – Calc 106

Impress, criando apresentações 109
O Impress, o que é? 109
Como estudaremos o Impress 109
Que tipos de arquivos o Impress pode produzir? 110
Como o Impress organiza o seu trabalho? 110
A área de trabalho do Impress 111
Criando uma apresentação 111
    Inserindo formas e figuras e selecionando/redimensionando figuras 112
    Inserindo um slide 113
    Criando uma apresentação 113
    Modo classificador de slides 114
        Modo normal 115
A barra de ferramentas padrão 116
A barra de ferramentas apresentação 116
    Modo de apresentação 116
    Modo de Notas 117
    Modo de Folheto 118
    Trabalhando com figuras 119
        Agrupando e desagrupando figuras, o que é isso? 119

    Alterando a ordem das figuras 120
  Transição de slides 120
  Personalizando a animação 122
  Teclas de Função para apresentações... 123
  Teclas de Atalho em apresentações de slides.. 124
  Teclas de Atalho na exibição normal 124
  Teclas de Atalho do Impress.. 125
  Navegação com o teclado no classificador de slides..................................... 126
  Exercícios – Impress... 126

Navegadores e correio eletrônico 129
  Navegadores ou Browsers... 129
  A área de trabalho do Mozilla Firefox 130
  Botões do Mozilla Firefox 130
  Principais características do Mozilla Firefox 131
    Navegação privativa 131
    Limpar histórico recente 131
    Denunciar este site como falso 132
    O correio eletrônico, como funciona.. 132
  A tela do Thunderbird... 133
  Enviando e-mail 135
  Exercícios – Correio eletrônico.. 136

Bibliografia 139

Índice remissivo 141

Como usar este livro?

Este livro foi desenvolvido pensando em você, que está iniciando seus estudos no pacote de aplicativos BrOffice, cada vez mais presente nos nossos escritórios e instituições públicas. Toda a metodologia do estudo aqui desenvolvido é apoiada na prática desse conjunto de "softwares". Dessa forma, é fundamental iniciarmos sabendo que será necessário ter o BrOffice instalado no computador. E a boa notícia é que todo o pacote pode ser obtido gratuitamente na Internet já que são aplicativos *freeware* (gratuitos).

O QUE ESTE LIVRO NÃO É?

Este livro não tem por objetivo aprofundar o estudo do BrOffice, pois o nosso propósito aqui é a prova que será prestada no concurso. Por isso não teremos explicações complexas e nem linguajar técnico. Em resumo, esta obra não é um manual, e sim um trabalho de preparação para concursos.

Este livro também não é apenas uma coletânea de questões e exercícios. Não se deixe levar pela tentação de fazer os exercícios sem seguir os passos do treinamento. Siga o método e você terá um resultado melhor e mais rápido.

O QUE ESTE LIVRO É?

Este livro é uma ampliação de nosso trabalho anterior no livro *Descomplicando a Informática para Concursos*, mas traz como diferença principal o fato de que aquele tinha como foco o ambiente do Sistema Operacional Windows e seus aplicativos. Aqui não estaremos vinculados a um sistema operacional, mas analisando apenas os aplicativos Writer, Calc e Impress.

Na verdade, podemos pensar neste livro como um guia para seu treinamento, pois durante todo o nosso estudo estaremos utilizando o BrOffice como ferramenta. Só assim obteremos o melhor resultado que, afinal de contas, é o que desejamos.

E, complementando este estudo, coloco-me à disposição em nosso site www.rtell.com.br para dúvidas, sugestões ou um agradável bate-papo.

Você até pode estudar sem o computador, mas certamente algo ficará faltando ao seu treinamento.

Por isso, antes de iniciar, prepare seu computador, instale o BrOffice e... mãos à obra!

COMO ESTUDAR OS ASSUNTOS

O método adotado nos capítulos deste livro começa com uma explicação geral para que você possa se familiarizar com o que irá estudar. Leia tudo com a maior atenção. Se necessário, repasse a leitura.

A seguir são apresentadas dicas sobre o assunto, baseadas nas práticas adotadas pelas diversas bancas de concurso. As dicas apresentam o tópico de forma simples e, normalmente, dão origem às questões das provas.

O passo seguinte no nosso estudo é a prática. Aqui está a razão do sucesso de todos que lograram êxito nas provas de Informática.

Os exercícios de fixação são fundamentais para o seu aprendizado e constituem uma preparação para questões mais complexas, as quais serão resolvidas por você ao final de cada assunto, na parte de questões e exercícios.

Os itens denominados Fique ligado! exigem especial atenção. São pontos de grande relevância nos concursos e, muitas vezes, são transformados nas conhecidas "pegadinhas".

Cada assunto é identificado por um símbolo conforme a seguir.

Explicação geral	Apresenta uma visão geral do assunto. Deve ser lido com atenção antes de qualquer outro tópico.
Dica sobre o assunto	As dicas apresentam de forma simples o que é fundamental no tópico.
Prática	Como já vimos, este é o ponto mais importante do nosso treinamento. Não deixe de fazer!
Exercício de fixação	Exercício relativo ao tópico visando fixar o conhecimento.
Fique ligado!	Assunto de destaque. Pode ser uma "pegadinha" ou uma informação que mereça atenção especial.
Questões e exercícios	Questões e exercícios para você testar seus conhecimentos. O gabarito está no final de cada grupo.
Índice remissivo	Ao final do livro você dispõe de um índice remissivo para melhor orientá-lo.

Introdução ao BrOffice

O BrOffice é uma suíte (ou pacote) de aplicativos *freeware* (gratuitos) para escritório. Apenas para fazer uma comparação com outro pacote muito conhecido, lembremos do Microsoft Office, da conhecida empresa Microsoft. Com certeza você conhece o Word, o Excel e o PowerPoint. E pode ser que também conheça o Access, um dos bancos de dados da Microsoft.

Pois você irá se surpreender, ao longo deste estudo, com a semelhança existente entre as duas suítes. No BrOffice temos o Writer como processador de textos, o Calc como planilha eletrônica, o Impress como editor de apresentações e o Base como banco de dados. Então, anime-se! Se você já é usuário do MS Office, não terá dificuldades com o BrOffice. Quanto ao Base, não será objeto de nosso trabalho devido a sua maior complexidade, razão pela qual não tem sido objeto de concursos do nível deste nosso estudo.

Uma outra boa notícia é que o BrOffice é compatível com os formatos de arquivo do Microsoft Office. Isso significa que você poderá ler documentos produzidos no MS Office no seu pacote BrOffice. E mesmo que você não possua a suíte da Microsoft, poderá produzir documentos e salvá-los com as conhecidas extensões do Word, Excel e PowerPoint.

E se você já ouviu a palavra OpenOffice, pode considerar como sendo a mesma coisa que o BrOffice. É só uma questão de nomeação e outros problemas "empresariais" que não nos dizem respeito.

E vamos aproveitar para desfazer uma dúvida comum. O BrOffice não é exclusividade do sistema operacional Linux, como muitos pensam. Existem versões (chamadas de distribuições) para Windows, Linux e outros sistemas operacionais.

O Writer, um processador de textos

O Writer é o processador de textos componente do BrOffice. Aqueles usuários já familiarizados com o Word da Microsoft sentirão pouca diferença ao utilizar este software. Mas não se iluda com as aparências! Temos aqui importantes diferenças que podem nos surpreender nos concursos. As teclas de atalho, por exemplo, apresentam grandes diferenças.

QUE TIPOS DE ARQUIVOS O WRITER PODE PRODUZIR?

Um arquivo é o resultado do trabalho com um software, ou seja, aquilo que é salvo. O Writer pode produzir diversos tipos de arquivos. Os principais são:

Tipo de arquivo	Extensão	Características
Documento	.odt	É o padrão do Writer. É gerado automaticamente quando salvamos um documento.
Página Web	.html .xml	O Writer pode criar páginas para a Internet (Web). HTML – (HyperText Markup Language) significa Linguagem de Marcação de Hipertexto. É uma linguagem utilizada para produzir páginas na Web.
Modelo do documento	.ott	Quando precisamos de um modelo para usarmos várias vezes, criamos um documento normalmente e o salvamos como.ott.
Formato Rich Text	.rtf	O RTF, acrônimo de Rich Text Format ou Formato de Texto Rico, é um formato de arquivo de documento desenvolvido e de propriedade da Microsoft. A maioria dos processadores de texto é capaz de ler e escrever documentos RTF.
Formato Texto	.txt	Arquivo de texto comum. Não permite recursos como imagens, links, tabelas etc. É o formato produzido pelo Bloco de Notas do Windows.

Formato pdf	.pdf	Veremos adiante que o Writer produz arquivos no formato.pdf. Esta é uma opção considerada como exportação e não de salvamento.
Formato do Word	.doc	O Writer pode salvar arquivos no formato do Word.

> O Writer pode exportar arquivos com a extensão **.pdf**, gerados pelo software freeware **Adobe Reader**. Esse tipo de arquivo é muito comum em documentações disponíveis na Internet.

❓ EXERCÍCIOS DE FIXAÇÃO

a) O Writer pode preparar páginas para a Web?
b) Que tipos de extensões de arquivos o Writer pode produzir?
c) Um arquivo feito no Writer pode ser salvo com a extensão.doc?
d) O que você entende por arquivos do Writer com a extensão.ott?
e) O Writer salva ou exporta arquivos com a extensão.pdf?

Lembre-se: Os exercícios de fixação não têm gabarito! Em caso de dúvida, volte e releia o assunto.

A ÁREA DE TRABALHO DO WRITER

Passemos a identificar os principais componentes da Área de Trabalho.

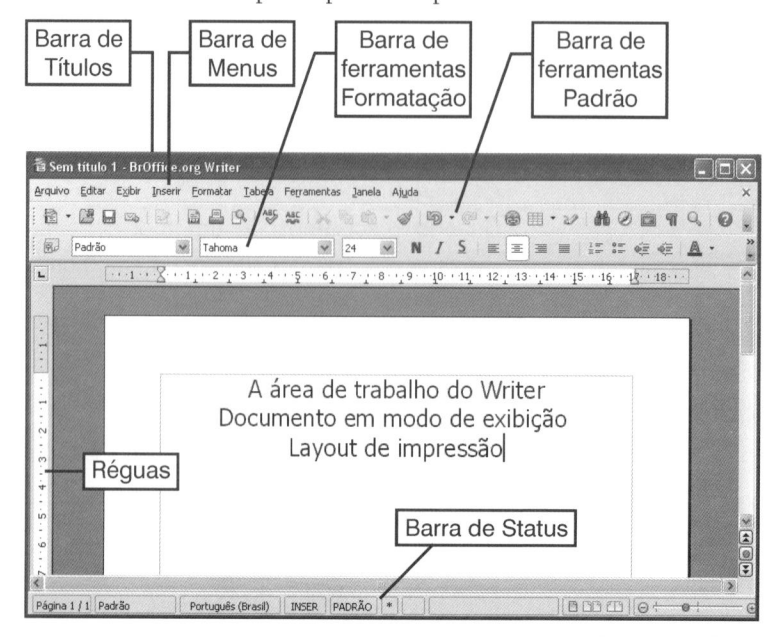

> Você notou a semelhança da Área de trabalho do Writer com a do Word? Notou, claro! Mas, cuidado! Não se iluda achando que tudo será igual. A propósito, vamos a um teste de observação. Sem olhar novamente para a tela, diga-me: qual era o nome do arquivo na Barra de títulos?
> Muitas "pegadinhas" são montadas justamente para os "apressadinhos" que não olham as figuras da prova!
> É importante saber se o arquivo já tem um nome, pois, nesse caso, já terá sido salvo uma vez pelo menos!

A BARRA DE FERRAMENTAS PADRÃO DO WRITER

Iniciaremos nosso estudo das principais barras de ferramentas do Writer pela Barra de ferramentas Padrão.

Abra o seu Writer, localize a Barra de ferramentas Padrão e identifique cada botão da barra a seguir. Conhecer cada ícone vale pontos preciosos na hora da prova! E aproveite para decorar as teclas de atalho.

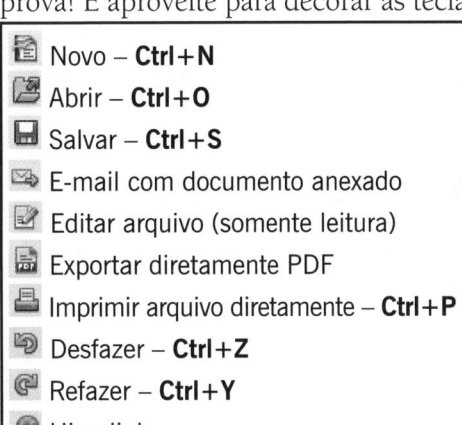

Novo – **Ctrl+N**	Visualizar página
Abrir – **Ctrl+O**	Ortografia e gramática – **Tecla F7**
Salvar – **Ctrl+S**	AutoVerificação ortográfica
E-mail com documento anexado	Cortar – **Ctrl+X**
Editar arquivo (somente leitura)	Copiar – **Ctrl+C**
Exportar diretamente PDF	Colar – **Ctrl+V**
Imprimir arquivo diretamente – **Ctrl+P**	Pincel de estilo
Desfazer – **Ctrl+Z**	Navegador – **F5**
Refazer – **Ctrl+Y**	Galeria
Hiperlink	Caracteres não imprimíveis – **Ctrl+F10**
Tabela	Zoom
Mostrar funções de desenho	Ajuda
Localizar e substituir – **Ctrl+F**	

Funções dos Botões

Chegamos a um dos pontos mais importantes. E você deverá experimentar cada botão com base na explicação e usando as teclas de atalho quando for o caso.

Botão	Explicação e teclas de atalho
Novo	Abre um arquivo novo para edição. Observe que cada documento novo aberto terá o nome Sem título1, Sem título2, Sem título3 e assim por diante. Fique atento ao nome do arquivo na prova. Arquivos com esses nomes ainda não foram salvos. **Teclas de atalho: Ctrl+N**
Abrir	Abre um arquivo já salvo no computador para edição. **Teclas de atalho: Ctrl+O**
Salvar	O mesmo que gravar o arquivo no disco rígido ou outra mídia escolhida. **Teclas de atalho: Ctrl+S**
E-mail com documento anexado	Permite editar e enviar como anexo um e-mail com o próprio Writer. No entanto, é necessário que seu gerenciador de e-mails esteja configurado corretamente.
Editar arquivo (somente leitura)	Edita um arquivo somente leitura criando uma cópia do mesmo. Uma vez que a cópia tenha sido editada, poderá ser salva.
Exportar diretamente como PDF	O Writer pode exportar arquivos com a extensão **.pdf**, gerados pelo software freeware **Adobe Reader**. Esse tipo de arquivo é muito comum em documentações disponíveis na Internet. É importante ressaltar que o Writer não edita nem lê um documento em formato .pdf. Ele apenas exporta nesse formato.
Imprimir	Imprime todo o documento atual na impressora padrão. Atente para o detalhe: é aberta uma caixa de diálogo perguntando se desejamos imprimir a seleção ou o documento todo. **Acionando as teclas de atalho Ctrl+P, será aberta a caixa Imprimir.**
Visualizar página	Permite visualizar como ficará a impressão do documento. Para voltar ao Modo de exibição Layout de impressão, clique no botão Fechar visualização ou efetue duplo clique sobre a página. Ainda podemos clicar novamente no botão Visualizar página para retornar ao Layout de impressão.
Ortografia e gramática	Abre uma janela por meio da qual o Writer faz uma revisão ortográfica a partir do ponto em que se encontra o cursor no documento. 👁 **Diferentemente do Word, o Writer não faz a revisão gramatical na sua configuração padrão. No entanto, existem complementos "freeware" que, acrescentados ao Writer, permitem a verificação gramatical.** **Tecla de atalho: Tecla F7**
AutoVerificação ortográfica	Permite ligar e desligar os sublinhados ondulados em vermelho que indicam erros ortográficos automaticamente durante a digitação. 👁 **Este é um botão que o Word também não apresenta na sua barra de ferramentas.**
Cortar	Recorta um trecho selecionado copiando-o para Área de transferência. Importante: A Área de transferência é uma parte da memória reservada para armazenar objetos recortados ou copiados. 👁 **Diferentemente do Word, no Writer a área de transferência não armazena vários objetos, mas apenas um de cada vez.**

Copiar	Copia um trecho selecionado para a Área de transferência. **Teclas de atalho: Ctrl+C**
Colar	Cola no documento um trecho armazenado na Área de transferência. **Teclas de atalho: Ctrl+V**
Pincel de estilo	Copia a formatação de um trecho, palavra ou mesmo uma letra para a memória, com o objetivo de colar esse formato em outro trecho. Digite uma palavra qualquer com uma fonte qualquer, na cor azul. Em seguida, digite outra palavra, com outra fonte, na cor vermelha. – Agora clique na palavra azul (em qualquer letra) e clique no Pincel. Seu cursor se transformou em um baldinho, notou? – Agora com o baldinho selecione (pressionando o botão esquerdo do mouse) a palavra em vermelho. Feita a seleção, solte o botão esquerdo. – Note que a palavra que era azul ficou em vermelho e a fonte também mudou.
Desfazer	Desfaz sequencialmente as ações recentes. Cada clique no botão desfaz uma ação, a mais recente. Importante: as ações são desfeitas da mais recente para a mais antiga. Agora observe a pequena seta apontada para baixo, à direita da seta curva do botão Desfazer. Ela é muito importante para nós. Seu acionamento faz surgir a **Lista de Ações Recentes** (figura). Digitação: 'tudo' Digitação: ' ' Digitação: 'de' Digitação: ' ' Digitação: 'acima' Digitação: ' ' Digitação: 'Brasil' Desfazer 5 ações As ações listadas ocorreram de baixo para cima. No exemplo, a Digitação de "Brasil" foi a primeira e a digitação de "tudo", a última. Neste exemplo clicamos na ação Digitação "acima" e note que, automaticamente, o Writer se preparou para desfazer cinco ações: – Será desfeita a ação na qual clicamos e todas as mais recentes. Em resumo: na Lista de Ações Recentes, quando selecionarmos um item, desfaremos aquele item e todos os posteriores a ele. 👁 Importante: Mesmo que você desfaça uma ou mais ações e **salve** o documento, a opção de desfazer **permanece disponível, desde que não se feche o documento.** **Teclas de atalho: Ctrl+Z**

Refazer	Refaz ações desfeitas recentemente e apresenta uma lista semelhante à anterior. É o *"desfazer"* do Desfazer, entendeu? **Teclas de atalho: Ctrl+Y**
Hiperlink	Abre uma tela na qual podemos transformar uma palavra em um hiperlink. E se você já não lembra o que é hiperlink, são aquelas palavrinhas sublinhadas que se transformam em uma "mãozinha" para que possamos navegar. **Importante!** No Writer podemos criar hiperlinks para: – Internet. – Correio e notícias, ou seja, para enviar e-mails. – Documento existente no computador ou o próprio documento em edição. – Um novo documento a ser criado.
Tabela	Insere uma tabela no texto conforme as opções do usuário.
Mostrar Funções de Desenho	Este botão apenas mostra ou oculta a barra de ferramentas de desenho na parte de baixo da tela. E na barra podemos escolher inúmeras opções de desenho. Experimente agora! Note que na barra Desenho, existe, dentre outros recursos, a **Galeria do Fontwork**, interessante recurso para confecção de letras estilizadas e o botão **Do arquivo** por meio do qual inserimos uma figura que esteja arquivada no nosso computador.
Localizar e substituir	Procura ou substitui trechos ou palavras no documento. **Teclas de Atalho – Ctrl+F**
Navegador	Você pode usá-lo para acessar rapidamente diferentes partes do documento e para inserir elementos do documento atual ou de outros documentos abertos. Para abrir o Navegador, você também pode escolher no menu Editar a opção Navegador. **Teclas de Atalho – F5**
Galeria	Você pode usá-lo para adicionar elementos gráficos ao documento.
Caracteres não imprimíveis	**Teclas de Atalho: Ctrl+F10** Esse é um dos botões "VIP" em qualquer concurso! Sua função é Mostrar ou Ocultar as marcas de Formatação, também chamadas de caracteres não imprimíveis. E daí? O que são marcas de formatação ou caracteres não-imprimíveis? À medida que você vai digitando, serão gerados caracteres invisíveis. Por exemplo: o espaço, a tecla Enter, a tecla Tab, entre outros. Com esse botão agora você poderá ver esses caracteres. E para que isso me serve?

Caracteres
não imprimíveis
	Primeiro para ser cobrado nos concursos, claro! Mas também tem outras utilidades. Quando alguém digita um texto e outra pessoa vai modificá-lo, muitas vezes fica complicado fazer alterações por não sabermos o que o autor fez. Com essas marcas fica muito simples. A seguir temos um trecho digitado antes e depois do acionamento do botão
	A propósito, o livro é *O Príncipe,* de Maquiavel (1469 – 1527).
	
	Antes de pressionar o botão¶
	   Nasce daí uma questão: se é melhor ser amado que temido, ou o contrário. A resposta é de que seria necessário ser uma coisa e outra; mas, como é difícil reuni-las, em tendo que faltar uma das duas é muito mais seguro ser temido do que amado.
	
	     Isso porque dos homens pode-se dizer, geralmente, que são ingratos, volúveis, simuladores, tementes do perigo, ambiciosos de ganho; e, enquanto lhes fizeres bem, são todos teus, oferecem-te o próprio sangue, os bens, a vida, os filhos, desde que, como se disse acima, a necessidade esteja longe de ti; quando esta se avizinha, porém, revoltam-se.
	                                              O Príncipe – Maquiavel
	
	Texto montado para fins didáticos
	_____
	
	E depois...
	····Nasce·daí·uma·questão:··se·é·melhor·ser·amado·que·temido·ou·o contrário.·A·resposta·é·de·que·seria·necessário·ser·uma·coisa·e·outra; mas,·como·é·difícil·reuni-las,·em·tendo·que·faltar·uma·das·duas·é·muito mais·seguro·ser·temido·do·que·amado.·¶
	¶
	····Isso·porque·dos·homens·pode-se·dizer,·geralmente,·que·são·ingratos, volúveis,··simuladores,··tementes··do··perigo,··ambiciosos··de··ganho;··e, enquanto·lhes·fizeres·bem,·são·todos·teus,·oferecem-te·o·próprio·sangue, os··bens,··a··vida,··os··filhos,··desde··que,··como··se··disse··acima,··a necessidade··esteja··longe··de··ti;··quando··esta··se··avizinha,··porém, revoltam-se.·¶
	                                              O·Príncipe·—·Maquiavel··¶
	    → → → → → ↵
	↵
	↵
	Texto·montado·para·fins·didáticos¶

Caracteres não imprimíveis	**Observe atentamente as diferenças no segundo trecho:** – Entre cada palavra há um pontinho que significa o espaço dado entre as palavras com a barra de espaços. – Ao final do primeiro e segundo parágrafos, lá está a marca ¶. Sabe o que significa? Ela é o resultado da tecla Enter. E, lembre-se: cada vez que pressionamos o Enter criamos um novo parágrafo. – E as setinhas, o que significam? São o resultado da tecla **TAB**. – Ao final da linha de setinhas – TAB – temos um símbolo ↵ que significa que foi pressionada a combinação de teclas Shift+Enter. Na verdade usei esse recurso sem a menor necessidade, pois sabemos que para mudar de linha basta continuar digitando. Só fiz isso para mostrar a você o efeito. Acontece que é uma "pegadinha" de concurso perguntar como se cria uma nova linha no Writer sem usar a tecla Enter, ou seja, como criar uma nova linha que **não seja um novo parágrafo**. É assim: com as teclas Shift+Enter.
Zoom	Permite visualizar o documento em vários tamanhos, variando de 20% a 600%. E ainda dispõe de tamanhos pré-formatados: – Ideal – Ajustar largura e altura – Ajustar largura – 100% – Variável
Ajuda	Aciona a ajuda do Writer. **Tecla de atalho: Tecla F1**

A BARRA DE FERRAMENTAS FORMATAÇÃO

Abra o seu Writer, localize a Barra de ferramentas Formatação e identifique cada item ou botão.

Procure memorizar as figuras dos ícones e botões. Muitas questões são montadas utilizando-as como parte da pergunta!

Estilo e formatação, o que é isto?

Um estilo é um conjunto de características de formatação que podem ser aplicadas ao texto, ou parte dele, para rapidamente alterar sua aparência. Ao aplicar um estilo, você aplica um grupo inteiro de formatos em uma simples operação.

Um exemplo:

Na sua empresa o seu chefe só gosta da fonte Verdana e, como ele não enxerga lá muito bem, exige que todos na firma usem o tamanho de fonte 16 e negrito!

Para que você nunca se esqueça, poderá criar um estilo e salvá-lo no Word. Assim, toda vez que você fizer um trabalho para ele, basta selecionar o estilo determinado, no menu ao lado. Quando começar a digitação tudo sairá conforme o desejo do seu chefe.

Criei um estilo como exemplo. Adivinhe o nome que dei a esse novo estilo?

A essa altura você deve estar querendo saber como criar um estilo.

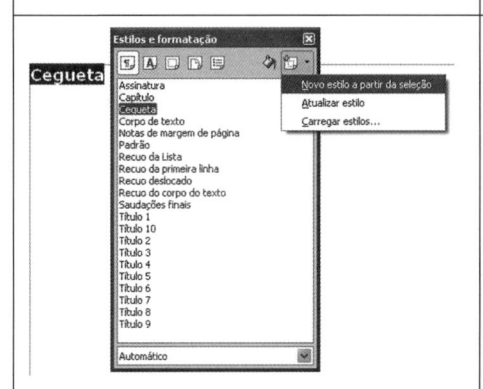

Criando um estilo

Escreva uma palavra qualquer, formate-a como desejado e, em seguida, selecione-a. Clique no ícone , ao lado do menu dos Estilos ou no **Menu Formatar**, opção **Estilos e Formatação**. A janela Estilos e Formatação será aberta (figura ao lado).

Clique no botão **Novo Estilo a partir da seleção** (à direita no alto). Surgirá a janela Criar Estilo.

– No campo **Nome** digite o nome do estilo a ser criado e clique no botão OK.

	Negrito, *Itálico* e Sublinhado Esses todo mundo conhece! Selecione a palavra ou trecho e clique nos botões para ter o efeito. **Teclas de atalho:** **Ctrl+B** – **Negrito** **Ctrl+I** – **Itálico** **Ctrl+U** – **Sublinhado**
	Alinhamentos: Alinhar à esquerda: **Ctrl+L** Centralizar: **Ctrl+E** Alinhar à direita: **Ctrl+R** Justificar: **Ctrl+J**
	Espaçamento entre linhas *(só fica disponível na barra de formatação se a personalizarmos. Por padrão, não fica visível)*: – Aumenta ou diminui o espaçamento entre linhas. **Numeração** – Adiciona números no início do parágrafo. **Marcadores** – Adiciona marcadores no início do parágrafo.
	Aumentar e diminuir recuo Aumenta ou diminui o recuo esquerdo do parágrafo.
	Realçar Um recurso interessante. Permite marcar o texto exatamente como as canetas tipo lumicolor ou marca-texto.

A Barra de Status do Writer

Esta é uma área da tela à qual normalmente não prestamos muita atenção, a não ser para saber em que página estamos. No Writer esta barra assume uma grande importância, principalmente pelas novidades em relação ao MS Word.

Abra o seu Writer e, vendo na figura a seguir, acompanhe a descrição de cada função dos elementos da barra.

| Página 19 11 / 11 | Padrão | Português (Brasil) | INSER | PADRÃO | * | | | | 61% |

Numeração das páginas – Observe que a página atual tem o número 19, mas que estamos trabalhando na página 11 de um total de 11 (11/11). Isso acontece porque resolvi que a numeração das páginas desse documento começaria em 9. Por que fiz isso? Porque me deu vontade! Mais adiante vou ensinar a você como fazer (vai que também te dá esta vontade...).

Campo Padrão – Aqui temos novidades em relação ao MS Word. Podemos efetuar um duplo clique na palavra padrão ou clicar com o botão da direita do mouse.

Efetuando um duplo clique temos a janela **Estilo de página** a seguir:

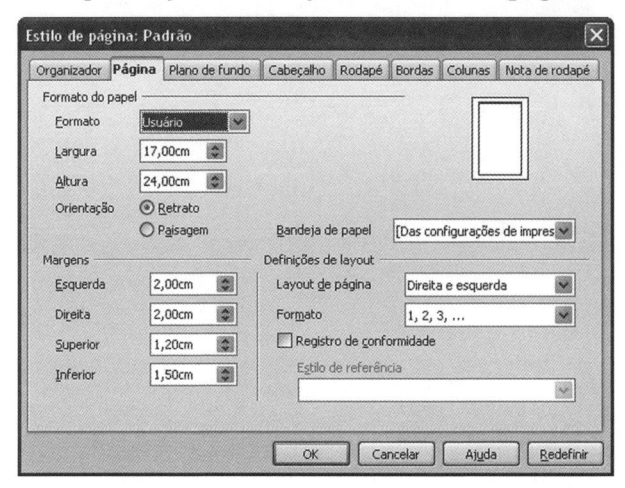

Nesta janela podemos configurar o tipo de papel, as margens e a orientação (retrato ou paisagem), o plano de fundo (colocando cores ou uma figura), configurar as dimensões do cabeçalho e rodapé, das bordas e colunas do documento e das notas de rodapé.

Efetuando um clique com o botão direito do mouse no campo Padrão teremos o menu a seguir:

Neste menu de contexto ao lado podemos definir diferentes estilos para a página.

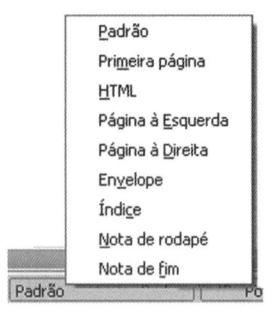

Campo Idioma (Português – Brasil) – Neste campo podemos efetuar um clique com o botão esquerdo do mouse.

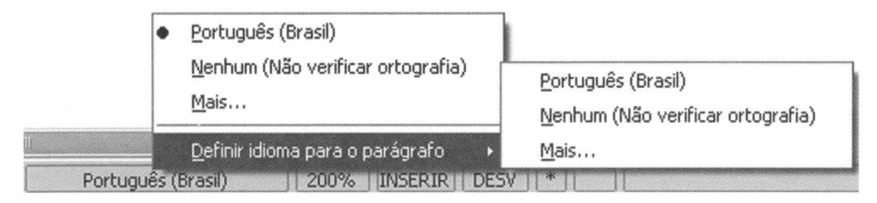

Nos menus de contexto podemos selecionar o idioma para o texto ou para um parágrafo ou, ainda, optar por não verificar a ortografia.

Campo Modo de inserção – Clicando-se com o botão esquerdo do mouse podemos alterar o modo de edição, fazendo com que as letras digitadas sejam inseridas – por meio da opção **INSER (inserir)** – ou se estas irão sobrescrever o texto – pela opção **SOBRE**.

Campo Modo de seleção – Configura o comportamento quando selecionamos trechos.

A cada clique no campo é mostrada uma das opções disponíveis:

Exibir	Modo	Efeito
Padrão	Modo padrão	Clique no texto onde deseja posicionar o cursor ou clique em uma célula para torná-la ativa. Qualquer outra seleção será então desfeita.
Ext	Modo de extensão (F8)	Um clique no texto amplia ou reduz a seleção atual.
Adic	Modo de seleção adicional (Shift+F8)	Uma nova seleção é adicionada a uma seleção existente. O resultado será uma seleção múltipla.
Bloco	Modo de seleção em bloco	Um bloco de texto pode ser selecionado.

Campo * – Indica a existência de alterações no documento que ainda não tenham sido salvas.

> Quando ainda há algo que não foi salvo, o asterisco se apresenta. Após o salvamento ele desaparecerá.
>
> Mas note, também, que o ícone do disquete na Barra de ferramentas Padrão ficará desabilitado se não houver nenhuma alteração a ser salva.

Zoom – Diferentemente das versões anteriores, temos um controle deslizante que altera o Zoom. E também temos três ícones que nos permitem alterar a forma de visualização das páginas.

EXERCÍCIOS DE FIXAÇÃO

a) Que combinação de teclas usamos para salvar um documento no Writer?
b) Não é possível editar um e-mail diretamente no Writer. Certo ou errado?
c) Qual o efeito de cada combinação de teclas de atalho a seguir: Ctrl+P / F7 / Ctrl+X / Ctrl+C / Ctrl+V / Ctrl+S / Ctrl+Z ?
d) É possível, no Writer, criar um hiperlink para uma página Web?
e) Que combinação de teclas de atalho usamos para desfazer ações? E para refazer uma ação desfeita?
f) No Writer podemos desfazer e refazer ações, seja pela utilização da lista de ações recentes, seja pelas teclas de atalho Ctrl+Z. No entanto, se durante essas operações salvarmos o documento, a opção desfazer será desabilitada. Certo ou errado?
g) Qual é o resultado do acionamento da tecla de função F7 no Writer?
h) Qual a função do botão com o símbolo ¶ encontrado na Barra de ferramentas Padrão?
i) Qual a função do botão encontrado na Barra de Formatação?
j) Um estilo pode ser criado e salvo para utilizações posteriores?

Lembre-se: Os exercícios de fixação não têm gabarito! Em caso de dúvida, volte e releia o assunto.

CONFIGURANDO O BROFFICE.ORG

Ao longo do nosso estudo, é possível que você perceba alguma diferença nas configurações do seu Writer, Calc ou Impress.

Nesse caso, a solução deverá estar nas Opções do BrOffice.org.

Portanto, antes de seguirmos em frente, seria interessante dar uma olhada nessas configurações.

Clique no Menu Ferramentas e selecione Opções.

No Painel da esquerda temos os recursos do BrOffice.org.

Note que nesta tela estamos abordando o Writer. Quando estudarmos o Calc essa tela apresentará os recursos daquele aplicativo, o mesmo acontecendo com os demais recursos do BrOffice.org.

Clique em cada opção desse painel para observar as inúmeras configurações possíveis.

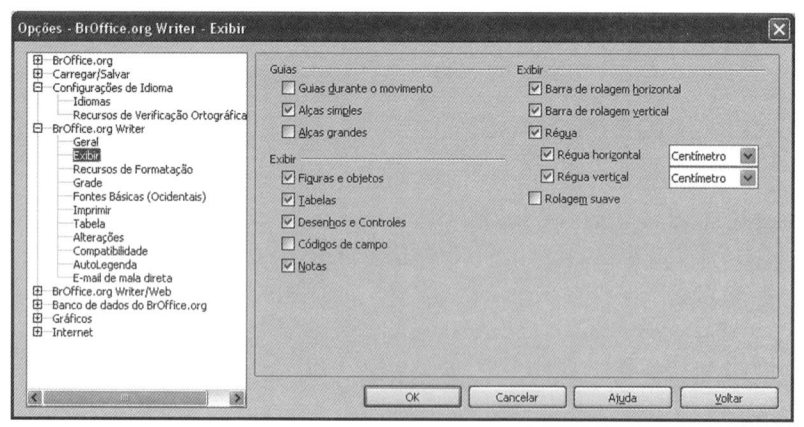

Apenas como um exemplo típico, clique em Fontes Básicas e note o tamanho das Fontes padrão do Writer. Alterando esses valores você estará alterando o padrão do seu Writer.

A propósito: por favor, não altere nada! Só queria que você conhecesse o recurso.

EDITANDO DOCUMENTOS

Agora faremos algumas práticas sobre a edição de documentos. O Writer dispõe de uma enorme quantidade de recursos para facilitar a edição, coisas que nossos "ancestrais" não conheceram na longínqua era da máquina de escrever.

Selecionando trechos de textos

Eis aqui um quesito largamente exigido nos concursos: como selecionar trechos de um documento. Antes de começarmos, sugiro que você abra um texto qualquer que contenha alguns parágrafos. Ou se preferir, copie os trechos a seguir.

Dica: A expressão Ponto de Inserção é o mesmo que o cursor na tela, ou seja, onde o texto será inserido.

Seleção normal de palavra ou trecho com o mouse

Clique antes da palavra **atento** com o botão esquerdo do mouse e, sem soltá-lo, arraste até o fim da palavra. Agora solte o botão. A palavra está selecionada.

> De tudo, ao meu amor serei atento
> Antes, e com tal zelo, e sempre, e tanto
> Que mesmo em face do maior encanto
> Dele se encante mais meu pensamento.

Agora faça o mesmo antes da palavra **Dele**. Será que algo está errado com você? Por que sumiu a seleção da palavra **atento**?

É assim mesmo!

Para conseguir **seleções múltiplas** (como mostrado) selecione o primeiro trecho – a palavra **atento** – normalmente e, quando for selecionar o segundo, faça a seleção com a tecla **Control** pressionada. Se preferir, selecione a palavra **atento** e, a seguir altere o Campo Modo de seleção na Barra de Status para **Adic** e selecione o restante. Você terá o mesmo efeito.

Resumindo: Enquanto arrasta com o botão esquerdo pressionado, mantenha a tecla **Ctrl** (Control) também pressionada para ter seleções múltiplas. O mesmo acontece se a opção **Adic** na Barra de Status estiver acionada.

Seleção de uma palavra com duplo clique no botão esquerdo do mouse

Efetue um **duplo clique** com o botão esquerdo do mouse sobre a palavra **conheceres**. Ela ficará selecionada.

> Se conheceres ao teu inimigo e não conheceres a ti,
> de 100 batalhas vencerás 50 e perderás 50.

🖱️ **Seleção de uma sentença com triplo clique no botão esquerdo do mouse**

Note que o segundo parágrafo do trecho a seguir tem duas sentenças. Efetue um triplo **clique** com o botão esquerdo do mouse sobre qualquer palavra da segunda sentença do segundo parágrafo. Toda a sentença ficará selecionada.

> Se conheceres ao teu inimigo e não conheceres a ti, de 100 batalhas vencerás 50 e perderás 50.
>
> Se conheceres a ti e não conheceres ao teu inimigo, de 100 batalhas vencerás 50 e perderás 50 . Se conheceres a ti e ao teu inimigo não precisarás temer pelo resultado das batalhas.
>
> *Sun Tzu*

🖱️ **Seleção de um parágrafo com quádruplo clique no botão esquerdo do mouse**

Efetue um quádruplo **clique** com o botão esquerdo do mouse sobre qualquer palavra do segundo parágrafo. Todo o parágrafo ficará selecionado.

> Se conheceres ao teu inimigo e não conheceres a ti, de 100 batalhas vencerás 50 e perderás 50.
> Se conheceres a ti e não conheceres ao teu inimigo, de 100 batalhas vencerás 50 e perderás 50.

🖱️ **Seleção de um trecho qualquer com a combinação de teclas**

Shift + setas do teclado

Coloque o ponto de inserção antes da palavra **sabe** e pressione conjuntamente as teclas **Shift+seta** para a direita e, ao chegar ao final da primeira frase, sem soltar a tecla **Shift**, passe a pressionar a seta para baixo. Você terá o resultado mostrado a seguir.

Resumindo: Shift+setas para a direita/esquerda – seleciona letra por letra.

Shift+setas para a cima/baixo – seleciona linha por linha.

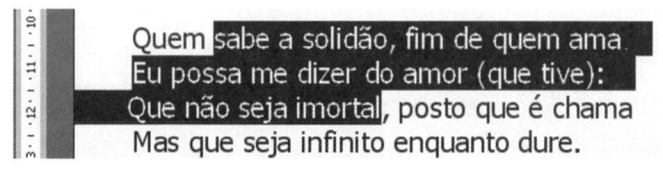

> Quem sabe a solidão, fim de quem ama.
> Eu possa me dizer do amor (que tive):
> Que não seja imortal, posto que é chama
> Mas que seja infinito enquanto dure.

A propósito, você sabia que pressionar **Ctrl+A** seleciona o documento todo? Experimente!

> 👁 **Atenção:** Aqui temos uma pegadinha para usuários experientes em Word. No MS Word a seleção de todo o documento é feita com as teclas Ctrl+T. Fique ligado! **No Writer é Ctrl+A.**

Movimentando o cursor no documento

Tão importante quanto saber selecionar trechos e palavras é saber como o cursor se movimenta dentro do texto. Vamos lá?

Teclas Delete e Backspace: Apagam os caracteres letra por letra. Delete limpa os caracteres que estejam à sua direita; Backspace limpa os caracteres que estejam à sua esquerda.

Tecla End: Leva o cursor para o final da linha. Cuidado: eu disse linha, não parágrafo ou outra coisa qualquer!

Tecla Home: Leva o cursor para o início da linha.

Teclas Ctrl+End: Levam o cursor para o fim do documento. Se for um livro com quinhentas páginas, irá para depois do ponto final da última frase, da última página.

Teclas Ctrl+Home: Levam o cursor para o início do documento.

Teclas Shift+End: Selecionam a partir da posição atual do cursor até o final da linha.

Teclas Shift+Home: Selecionam a partir da posição atual do cursor até o início da linha.

Teclas Ctrl+Shift+End: Selecionam da posição atual do cursor até o final do documento.

Teclas Ctrl+Shift+Home: Selecionam da posição atual do cursor até o início do documento.

OS MENUS DE COMANDO

Os menus do Writer, bem como de todos os aplicativos do BrOffice, situam-se na Barra de Menus.

Localize a Barra de Menus do Writer no seu computador e observe, antes de iniciarmos qualquer estudo, que cada opção de menu tem uma letra sublinhada no nome. Sabe para que serve? Pois essa é uma pergunta típica de concursos. Pressione a combinação de teclas **Alt + a letra sublinhada**. Por exemplo: **Alt + A**. Será aberto o **Menu Arquivo**. Agora experimente a combinação **Alt + E**, **Alt + X**, **Alt + I** e assim por diante.

E com o menu já aberto, pressionando a tecla cuja letra esteja sublinhada no menu, teremos o efeito descrito. Exemplo: com o menu Arquivo já aberto, pressionar a tecla **S** corresponde a **Salvar**; a tecla **C** corresponde a **Salvar como** e assim por diante. Experimente!

Menu Arquivo (Alt+A)

A seguir, temos o Menu Arquivo, já com submenu Novo desdobrado.

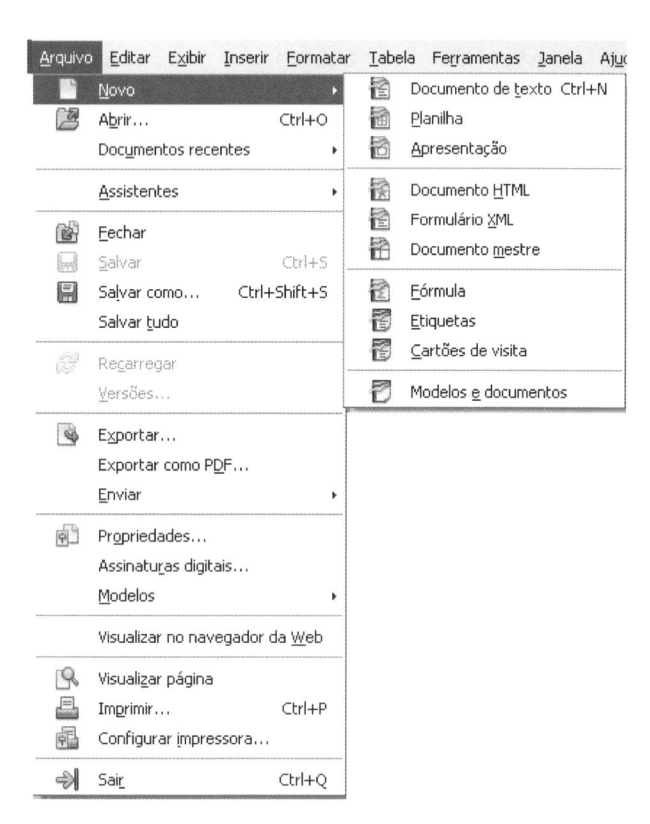

> No Writer, diferentemente do MS Word, a opção Novo do Menu Arquivo permite abrir outros documentos do pacote BrOffice como o Calc, Impress e outros. Você já tinha percebido?

Comandos do Menu Arquivo

❑ **Novo** – Diferentemente do nosso conhecido Word, a opção Novo dos menus dos aplicativos do BrOffice nos permite abrir outros aplicativos do pacote como o Calc, Impress, Base e outros.
Teclas de atalho: Ctrl+N

❑ **Abrir** – Apresenta a janela Abrir para seleção do documento a ser aberto. Nesta janela podemos optar por abrir o documento no modo Somente leitura, o qual não permitirá que as alterações sejam salvas.
   Teclas de atalho: Ctrl+O

❑ **Assistentes** – Apresenta um menu com diversos tipos de Assistentes como na figura a seguir. É de se ressaltar o Conversor de euros, que converte em euros os valores monetários encontrados em documentos do Calc e em campos e tabelas de documentos do Writer. Mas não fique tão feliz! Somente as moedas dos países participantes da União Monetária Europeia serão convertidas.

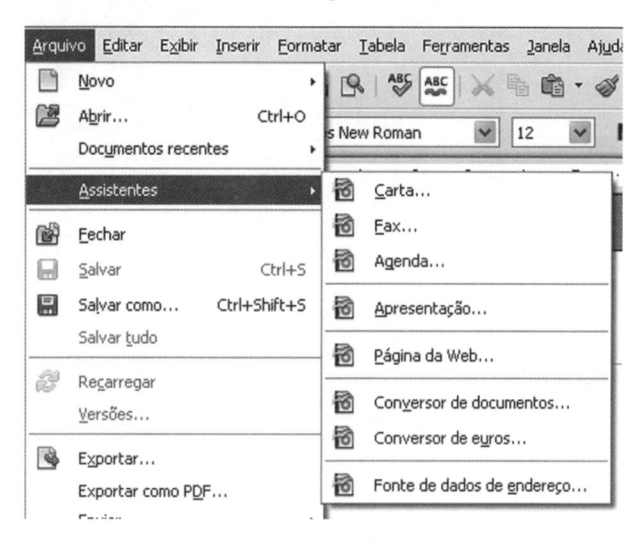

❑ **Documentos recentes** – Lista os documentos abertos recentemente.

❑ **Fechar** – Fecha o documento atual.
   – Fecha o(s) documento(s) aberto(s) e, ao final, fecha também o Writer.
   Teclas de atalho – Ctrl+F4 e Alt+F4

❑ **Salvar** – Abre a janela Salvar como para salvar o documento, se for a primeira vez que o mesmo é salvo. Nas vezes seguintes, para esse documento, não teremos mais a janela Salvar como; o salvamento será automático.
   Teclas de atalho: Ctrl+S

> 👁 Na janela **Salvar como** podemos inserir uma senha no documento que está sendo salvo.

❑ **Salvar como** – Abre a janela **Salvar como** para salvar o documento com outro nome, ou seja, será gerada uma cópia.
   Teclas de atalho: Ctrl+Shift+S

❑ **Salvar tudo** – Salva todos os documentos abertos do BrOffice.org.

❑ **Recarregar** – Substitui o documento atual pela última versão salva. Todas as alterações efetuadas após o último salvamento serão perdidas.

❑ **Versões** – Salva e organiza várias versões do documento atual no **mesmo arquivo**. Assim, podemos abrir, excluir e comparar versões anteriores. Acionando a opção Versões, temos a caixa de diálogo a seguir. Observe o botão Salvar Nova Versão.

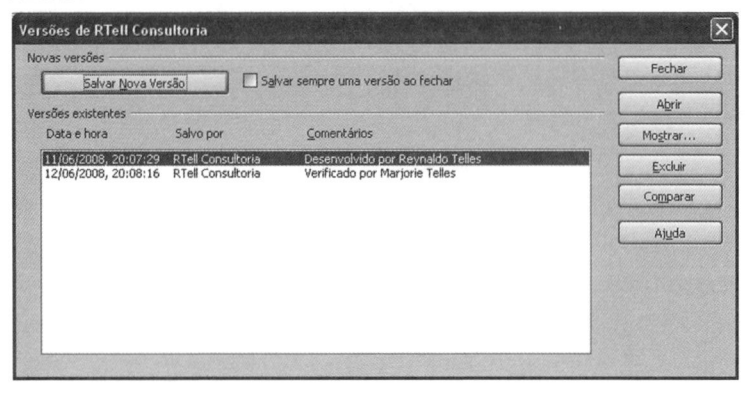

Dica: Não se esqueça que o comando Versões não cria um novo documento. As versões ficam "embutidas" todas em um só arquivo.

❑ **Exportar** – Exporta o documento em edição com diversos formatos.
❑ **Exportar como PDF** – Salva o arquivo atual no formato PDF (*Portable Document Format*). É possível ver e imprimir um arquivo PDF em qualquer plataforma sem perder a formatação original, desde que haja um software compatível instalado.
❑ **Enviar** – Envia uma cópia do documento atual para diferentes aplicativos. Destaque-se a possibilidade de enviar o documento em edição por e-mail como anexo nos formatos .odt, .doc (do Word) e .pdf.
❑ **Propriedades** – Na tela que se abre com esta opção podemos ter acesso às propriedades do documento, destacando-se as datas de criação, modificação e impressão e as estatísticas conforme a janela a seguir. Note que dados como número de páginas, tabelas, figuras, parágrafos, palavras, caracteres e linhas podem ser obtidos nesta janela.

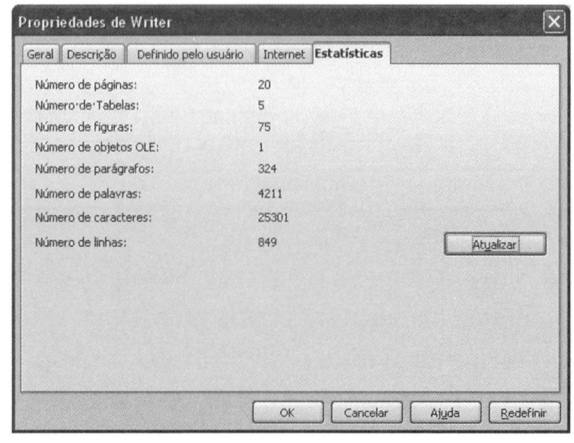

❑ **Assinaturas digitais** – Para assinar um documento digitalmente, é necessária uma chave pessoal e o certificado. Uma chave pessoal é armazenada no computador como uma combinação de uma chave privada, que deve ser secreta, e uma chave pública, que você adiciona a documentos ao assiná-los. Para obter um certificado, você pode se valer de uma autoridade de certificação, que pode ser uma empresa privada ou uma instituição governamental. Algumas autoridades de certificação cobram pelo serviço quando certificam sua identidade; outras o fazem gratuitamente.
❑ **Modelos** – Com esta opção podemos organizar e editar os modelos, bem como salvar o arquivo atual como um modelo.
❑ **Visualizar no navegador Web** – O documento em edição pode ser visualizado no seu navegador Web. Assim podemos ter a ideia de como o documento ficará quando salvo para a Internet.
❑ **Visualizar página** – Corresponde à visualização da impressão.
❑ **Imprimir** – Abre a janela Imprimir, que permite, entre outras opções, imprimir um trecho selecionado.
Teclas de atalho: Ctrl+P
❑ **Configurar impressora** – Abre a janela de configurações da impressora.

EXERCÍCIOS DE FIXAÇÃO

a) Que combinação de teclas você usaria para abrir o Menu Arquivo?
b) Existe alguma opção de segurança para os arquivos editados pelo Writer?
c) É possível, a partir de um documento do Writer, criar uma página Web?
d) A opção Versões do Writer cria automaticamente cópias de segurança do documento em edição. Os diversos arquivos de versões vão sendo criados de forma a permitir, no futuro, a revisão de cada um deles. Certo ou errado?
e) Suponha um documento em papel A4 com largura de 21 cm e altura de 29,7 cm. Considere que o mesmo está na orientação **Paisagem**. A margem esquerda tem 2 cm, e a margem direita tem 2 cm. Em consequência, as linhas desse documento terão 25,7cm. Certo ou errado? (*Dica*: Note que a orientação é Paisagem!)
f) Como se faz para que o Writer, durante a digitação, passe a sobrescrever e não mais inserir o conteúdo digitado, sem utilizarmos a tecla Insert do teclado?
g) Qual opção do Menu Arquivo nos permite contar as palavras e os parágrafos do documento?

Lembre-se: *Os exercícios de fixação não têm gabarito! Em caso de dúvida, volte e releia o assunto.*

Menu Editar (Alt+E)

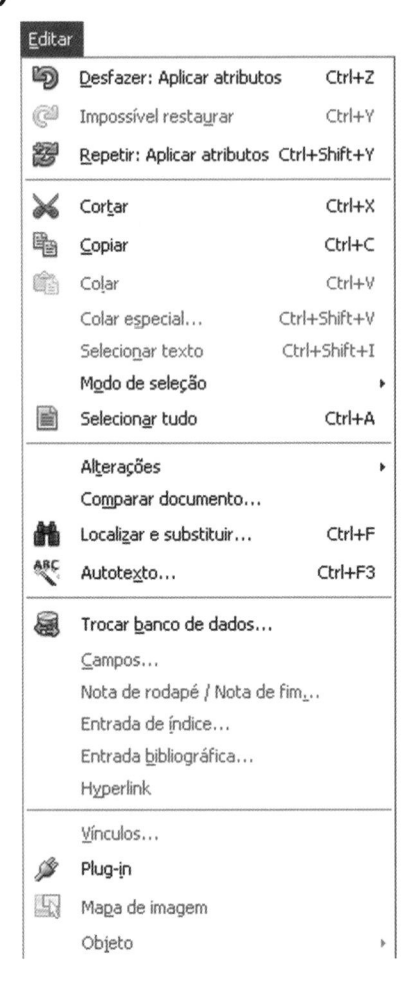

```
Editar
  Desfazer: Aplicar atributos      Ctrl+Z
  Impossível restaurar             Ctrl+Y
  Repetir: Aplicar atributos  Ctrl+Shift+Y

  Cortar                           Ctrl+X
  Copiar                           Ctrl+C
  Colar                            Ctrl+V
  Colar especial...           Ctrl+Shift+V
  Selecionar texto            Ctrl+Shift+I
  Modo de seleção                       ▶
  Selecionar tudo                  Ctrl+A

  Alterações                            ▶
  Comparar documento...
  Localizar e substituir...        Ctrl+F
  Autotexto...                    Ctrl+F3

  Trocar banco de dados...
  Campos...
  Nota de rodapé / Nota de fim...
  Entrada de índice...
  Entrada bibliográfica...
  Hyperlink

  Vínculos...
  Plug-in
  Mapa de imagem
  Objeto                                ▶
```

> 👁 Aproveite para ir memorizando as teclas de atalho disponíveis nas diversas opções do Menu Editar.

🖱 Comandos do Menu Editar

- **Desfazer** – Desfaz o último comando ou a última entrada digitada.
  Teclas de atalho: Ctrl+Z
- **Refazer** – Reverte a ação do último comando **Desfazer**.
  Teclas de atalho: Ctrl+Y
- **Repetir** – Repete o último comando.
  Teclas de atalho: Ctrl+Shift+Y

- **Cortar, copiar** – Recorta ou copia o trecho ou objeto para a área de transferência.
- **Colar** – Cola o objeto que estiver na área de transferência.

> 👁 **Lembre-se:** No Writer, a área de transferência não armazena vários objetos, mas apenas um de cada vez!

- **Colar especial** – Cola o conteúdo da área de transferência com um formato especificado por você.

  Vejamos um exemplo de utilização. Você está fazendo um trabalho e quer copiar um trecho da Internet para o seu documento (aposto que você já fez isso na sua monografia...). O problema é que, ao copiar, o formato fica igual ao da Internet, algo que não lhe interessa. É aí que entra o Colar Especial. Selecione, neste caso, Texto sem formatação. Veja a seguir.

  Teclas de atalho: Ctrl+Shift+V

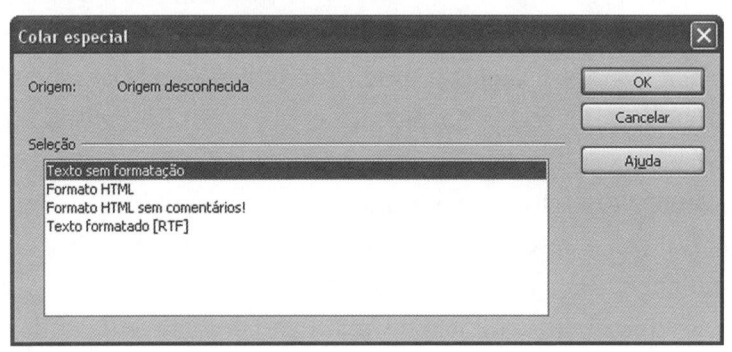

- **Selecionar texto** – Ativa um cursor de seleção em um texto somente leitura ou na Ajuda.
- **Modo de seleção** – Permite escolher o modo de seleção: modo normal, ou modo de seleção por bloco. No modo de seleção por bloco, podemos selecionar uma área do texto independente de linha, parágrafo etc. Veja ao lado.

  Uma vez flamengo.
  Sempre Flamengo
  Flamengo sempre eu hei de ser
  É meu maior prazer vê-lo brilhar
  Seja na terra, seja no mar
  Vencer, vencer, vencer
  Uma vez flamengo, Flamengo até, morrer

- **Selecionar tudo** – Seleciona todo o conteúdo do arquivo, quadro ou objeto de texto atual.

  Teclas de atalho: Ctrl+A

> 👁 **Cuidado:** Se você é usuário do Word, não confunda as teclas de atalho! No Word, como sabemos, para selecionar tudo, usamos Ctrl+T; aqui as teclas são Ctrl+A.

❑ **Alterações** – Permite ver as alterações feitas no documento, marcando-as com cores e sublinhado. É útil quando enviamos o documento para alguém revisar e depois queremos ver o que foi feito.

Para utilizarmos esta opção, após digitado o documento, selecionamos a opção Alterações – Proteger registros. Será solicitada uma senha.

Feito isso, o documento está protegido. A partir de agora, qualquer exclusão que seja feita ficará marcada como tachada e na cor vermelha. Na verdade essas cores dependem das configurações do seu Writer.

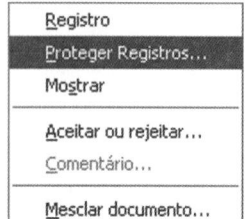

Tais configurações podem ser alteradas no menu Ferramentas/Opções/BrOffice.orgWriter/Alterações.

Vejamos um exemplo. Digitei a frase: "Minha terra tem parmeiras." Notou o erro em *parmeiras*? Protegi o documento e enviei para o revisor. Este decidiu (graças a Deus!) excluir o **parmeiras** e digitar palmeiras. O efeito final será o seguinte: **Minha terra tem ~~parmeiras~~ palmeiras**

As marcas e cores apresentadas dependem das configurações constantes do Menu Ferramentas – Opções – guia Alterações.

❑ **Comparar documento** – Quando temos dois documentos que desejamos comparar, abrimos um deles e acionamos esta opção. Será solicitado que você especifique o documento que será comparado ao atual.

A seguir será apresentada uma tela com as diferenças entre os dois documentos. Note que você poderá aceitar ou rejeitar as alterações.

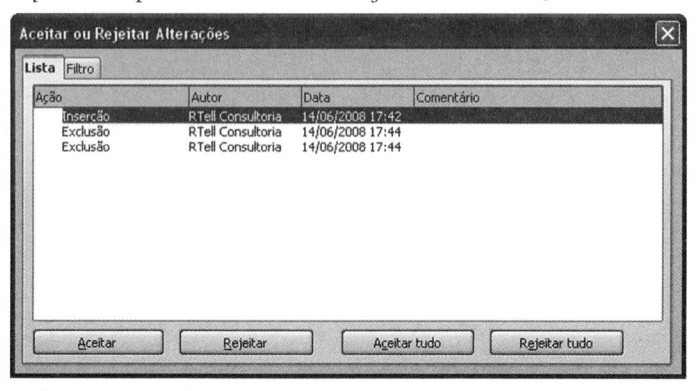

❏ **Localizar e substituir** – Procura ou substitui textos ou formatos no documento atual.
Teclas de atalho: Ctrl+F

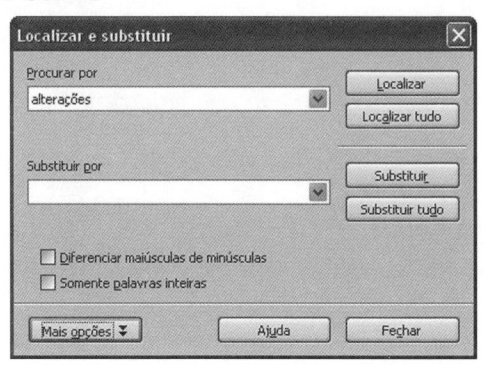

❏ **AutoTexto** – Cria, edita ou insere AutoTexto. Você pode armazenar texto formatado, texto com figuras, tabelas e campos como AutoTexto.
Para inserir AutoTexto rapidamente, digite o atalho do AutoTexto – a combinação de teclas Ctrl + F3 – no documento, selecione o Autotexto desejado e clique no botão Inserir.

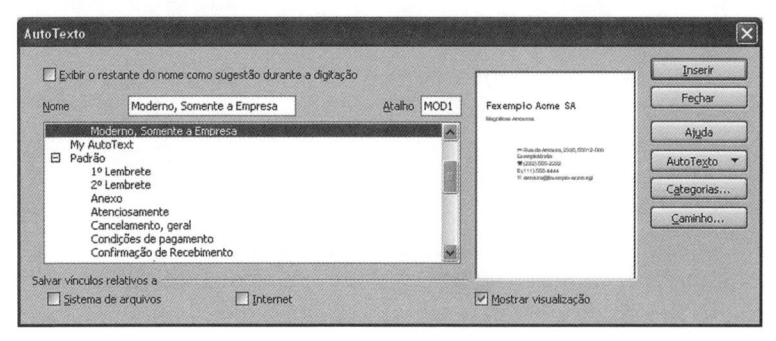

As demais opções do Menu Editar dependem de elementos inseridos no texto, os quais veremos mais adiante. Assim, aguarde mais um pouco!

EXERCÍCIOS DE FIXAÇÃO

a) Que combinação de teclas abre o Menu Editar do Writer?
b) Que combinações de teclas permitem cortar, copiar, colar e desfazer, respectivamente?
c) Qual é a capacidade de armazenamento da Área de transferência do BrOffice?

d) Se você precisar copiar o trecho de um texto de um Web site e colá-lo no seu documento Writer, que recurso usará?
e) Permite ver as alterações feitas no documento marcando-as com cores e sublinhado.

Lembre-se: Os exercícios de fixação não têm gabarito! Em caso de dúvida, volte e releia o assunto.

Menu Exibir (Alt+X)

A seguir temos o Menu Exibir, que controla importantes funções do Writer.

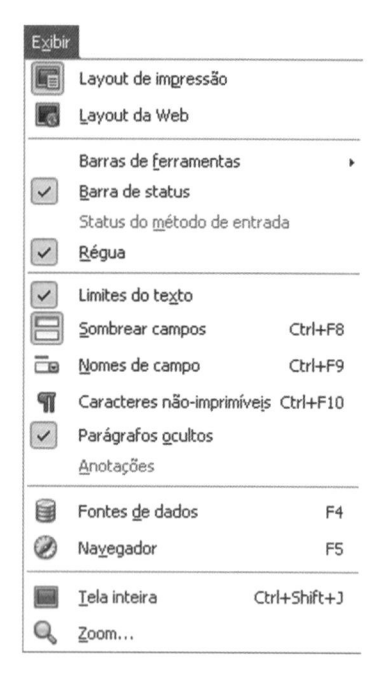

> Como o próprio nome sugere, é neste menu que alteramos as principais características de visualização de funcionalidades do Writer durante a edição de um documento.

Comandos do Menu Exibir

- **Layout de impressão** – Apresenta a forma que o documento terá quando for impresso.
- **Layout da Web** – Esse recurso é útil ao criar documentos HTML. O documento é visualizado como em um navegador da Web.
- **Barra de ferramentas** – Sua Barra de Formatação sumiu? Pois é aqui que você faz com que ela volte ao trabalho. Experimente! Há inúmeras barras no Writer além das clássicas.
- **Barra de Status** – Esta nós já estudamos. E você já viu como ela é importante. Aliás, sem "colar", procure se lembrar dos componentes desta barra. Eles são muito importantes!

- **Régua** – Esta opção oculta ou mostra as réguas numeradas superior e inferior.
- **Limites do texto** – Por padrão, o Writer apresenta uma moldura chamada limites do texto. Essa moldura é a área útil de escrita e é definida pelas margens que tenham sido configuradas para a página.
- **Sombrear campos** – Um campo é um dado variável inserido no documento como número de páginas, contagem de páginas, data, hora etc. Podemos fazer com que eles fiquem destacados deixando-os sombreados. Eis um exemplo de campo Hora sombreado: 19:49:20
- **Nomes de campo** – Alterna a exibição entre o nome e o conteúdo do campo. A presença de uma marca de seleção indica que os nomes dos campos são exibidos, e a ausência dessa marca indica que o conteúdo é exibido. O conteúdo de alguns campos não pode ser exibido. Experimente! Vá ao Menu Inserir – Campos – opção Hora e insira um campo Hora. Depois, no Menu Exibir, marque e desmarque a opção Campos para ver o efeito.
- **Caracteres não imprimíveis** – Esta opção já foi estudada com carinho quando falamos da Barra de Ferramentas Padrão. Você ainda se lembra?
  Teclas de atalho: Ctrl+F10
- **Navegador** – Aqui temos uma interessante função do Writer. Quando falamos em Navegador, logo nos vem à mente a ideia de Internet, não é? Pois pode esquecer! Não tem nada a ver! A ideia aqui é navegar pelas diversas partes de um documento. Na tela do Navegador podemos observar símbolos com os sinais de "+" e "–". Estes símbolos indicam a existência de elementos a serem apresentados. Cada elemento funciona como um hiperlink. Ou seja, clicando no símbolo, iremos direto para o local onde o mesmo se encontra.
  Tecla de atalho: F5
- **Tela Inteira** – Exibe ou oculta os menus e as barras de ferramentas no Writer ou no Calc. Para sair do modo de tela inteira, clique no botão **Tela inteira ou tecle Esc.**
  Teclas de atalho: Ctrl+Shift+J
- **Zoom** – Reduz ou amplia a exibição de tela por meio de uma janela de opções (já estudada).

❓ EXERCÍCIOS DE FIXAÇÃO

a) Qual é a combinação de teclas para abrir o menu Exibir?
b) Quais são os modos de exibição disponíveis no menu Exibir?
c) Que opção do menu Exibir permite exibir ou ocultar as réguas do Writer?
d) Quando desejamos que uma informação se repita em todas as páginas (uma logomarca, por exemplo), nada mais adequado que usarmos um cabeçalho. Para isso, basta utilizarmos a opção cabeçalho e rodapé do menu Inserir do Writer. Certo ou errado?
e) Como exibimos uma moldura não visível durante a impressão que serve para nos orientar durante a edição do texto, delimitando os limites do texto?

Lembre-se: *Os exercícios de fixação não têm gabarito! Em caso de dúvida, volte e releia o assunto.*

Menu Inserir (Alt+I)

A seguir temos o Menu Inserir, um dos menus mais importantes durante a edição de documentos.

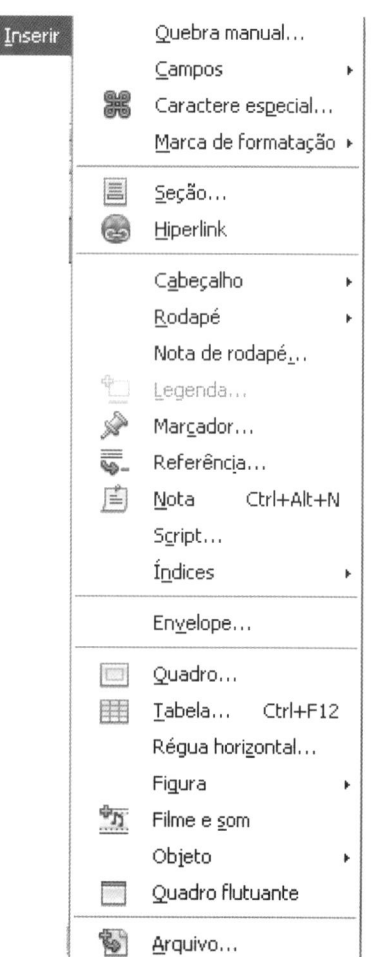

```
Inserir
    Quebra manual...
    Campos                      ▶
    Caractere especial...
    Marca de formatação         ▶
    Seção...
    Hiperlink
    Cabeçalho                   ▶
    Rodapé                      ▶
    Nota de rodapé...
    Legenda...
    Marcador...
    Referência...
    Nota              Ctrl+Alt+N
    Script...
    Índices                     ▶
    Envelope...
    Quadro...
    Tabela...         Ctrl+F12
    Régua horizontal...
    Figura                      ▶
    Filme e som
    Objeto                      ▶
    Quadro flutuante
    Arquivo...
```

Comandos do Menu Inserir

❑ **Quebra manual** – Aqui podemos optar por Quebra de Linha, Quebra de Coluna ou Página.
  – **Quebra de Linha** – Termina a linha atual e move o texto encontrado à direita do cursor para a próxima linha, sem criar um novo parágrafo.
    Teclas de atalho: Shift+Enter
  – **Quebra de Coluna** – Insere uma quebra manual de coluna (no caso de um layout de várias colunas) e move o texto encontrado à direita do cursor para o início da próxima coluna.
  – **Quebra de Página** – Insere uma quebra de página manual e move o texto encontrado à direita do cursor para o início da próxima página. Um bom exemplo da utilização da quebra de página é quando desejamos iniciar um novo capítulo em um livro.
    Teclas de atalho: Ctrl+Enter
❑ **Campos** – Insere um campo na posição atual do cursor. No Writer, dados como Data, Hora, Número de páginas e Numeração de páginas, entre outros, são tratados como Campos. Para exibir todos os campos disponíveis, selecione no Menu Inserir a opção Campos.
❑ **Caractere especial** – Aqui podemos selecionar diversos símbolos, dependendo da fonte escolhida. No exemplo a seguir selecionei o subconjunto Símbolos monetários. Note que podemos escolher diversos símbolos de moeda.

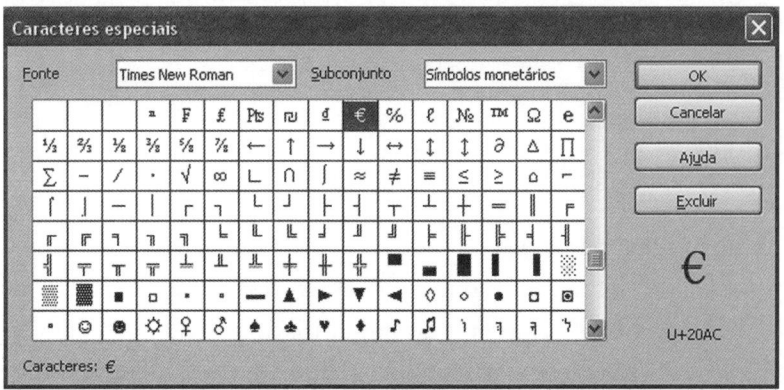

❑ **Marca de formatação** – As marcas de formatação permitem controlar o comportamento do texto em relação ao momento em que se dá a mudança de linha.

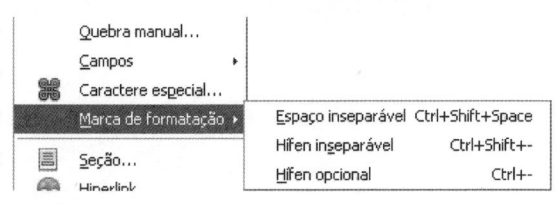

- **Espaço inseparável** – Faz com que uma palavra composta com espaços permaneça junta após a mudança de linha. Observe no texto a seguir que a expressão Rio de Janeiro não foi separada. Os seus espaços são não-separáveis. Observe o sombreamento dos campos entre as palavras Rio, de e Janeiro.

> Gosto muito de viajar. Em minha última viagem à cidade Rio|de|Janeiro ...

- **Hífen inseparável** – Insere um hífen separador entre duas palavras. Se as palavras estiverem no final de uma linha serão transferidas para a próxima.
- **Hífen opcional** – É um hífen usado para controlar onde uma palavra ou frase será quebrada se ocorrer no final de uma linha. Por exemplo, você pode especificar que a palavra "imprimível" deve ser quebrada como "im-primível" em vez de "imprimí-vel."

❏ **Seção** – As seções são blocos de texto com nome que podem ser usados de várias maneiras. Uma muito utilizada serve para inserir seções de texto que usam um layout de coluna diferente do estilo de página atual.

Uma seção contém pelo menos um parágrafo. Quando selecionamos um texto e criamos uma seção, uma quebra de parágrafo é inserida automaticamente no fim do texto. Uma seção inserida apresenta um retângulo como moldura. É um recurso também utilizado quando precisamos alterar a numeração das páginas.

❏ **Hiperlink** – Abre uma tela na qual é possível transformar uma palavra em um hiperlink. Vale lembrar que podemos criar hiperlinks para:
   - Internet.
   - Correio e notícias, ou seja, para enviar e-mails.
   - Documento existente no computador ou o próprio documento em edição.
   - Um novo documento a ser criado.

Para usar a tela a seguir, selecione a palavra que deseja que se torne um hiperlink e clique na opção Hiperlink do menu Inserir.

Neste exemplo selecionei as palavras **Clique aqui** e digitei como destino **www.rtell.com.br**

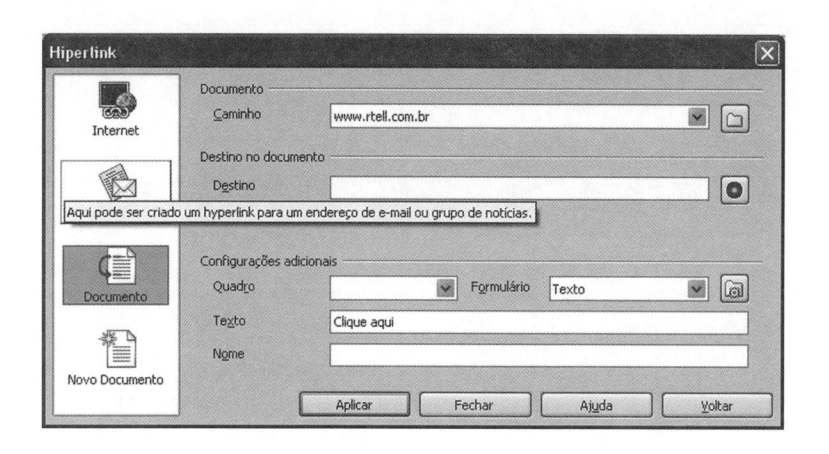

> Experimente as outras opções de hiperlink além do exemplo anterior. Saber quais são as opções de hiperlink já foi questão de concursos!
>
> E, muita atenção: para visitarmos o endereço de um hiperlink, temos de pressionar a tecla Control e efetuar um clique com o botão esquerdo do mouse. Não é como na Internet! Lá, um clique só basta!

- **Cabeçalho e rodapé** – Note que são duas opções no menu Inserir. O efeito, é claro, é inserir um cabeçalho e um rodapé. E nestes podem ser inseridos textos, imagens e campos como, por exemplo, números de páginas.

  Nota de rodapé – Nesta janela podemos configurar como as notas de rodapé ou nota de fim serão inseridas. Mantendo a numeração automática – que é o usual –, o Writer irá acrescentando números às notas de rodapé ou nota de fim. Notas de rodapé são inseridas no final de uma página, enquanto as notas de fim são inseridas no fim de um documento.

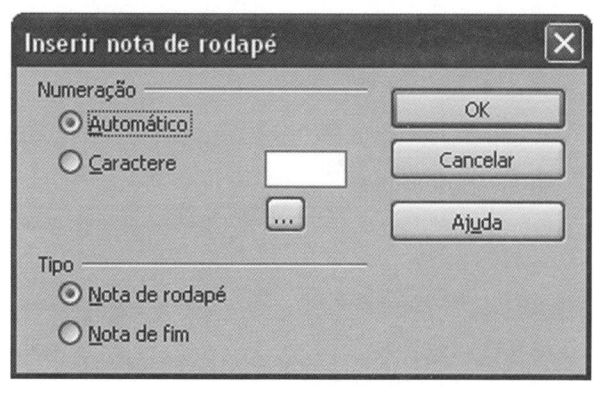

- **Legenda** – Esta opção só fica disponível quando selecionamos uma figura. Após selecionarmos a figura, clicamos em Inserir – Legenda e preenchemos o campo legenda com o texto desejado.

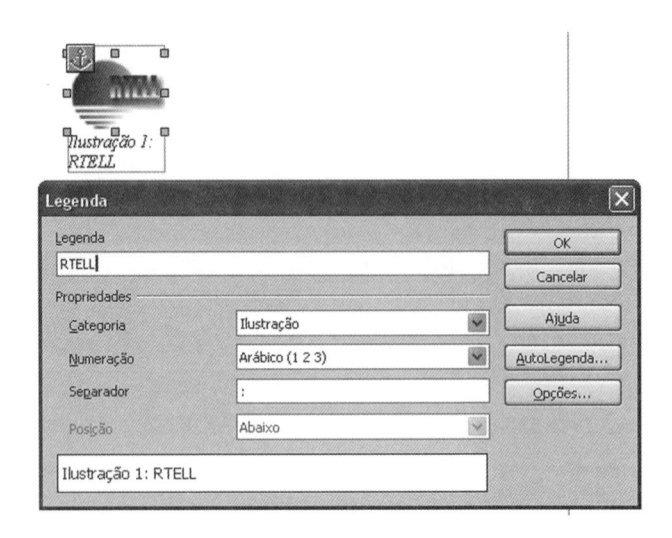

❏ **Marcador** – Insere um marcador na posição do cursor. Você poderá então utilizar o Navegador para ir rapidamente até o local destacado.
❏ **Referência** – Esta é a posição em que são inseridas as referências ou os campos referidos no documento atual.
❏ **Anotação** – Insere uma nota na posição atual do texto. É um lembrete que fica representado por uma marca colorida e que apresenta o texto que foi criado como Nota quando se passa o mouse sobre ela.
❏ **Índice** – O Writer permite a criação automática de índices e sumários para o documento em edição. Este livro, por exemplo, teve seus índices – no início e no final – construídos com a utilização deste recurso.
❏ **Envelope** – O Writer permite a criação automática de envelopes.
A tela mostrada a seguir é um assistente que orienta a criação do envelope por meio do preenchimento dos dados.

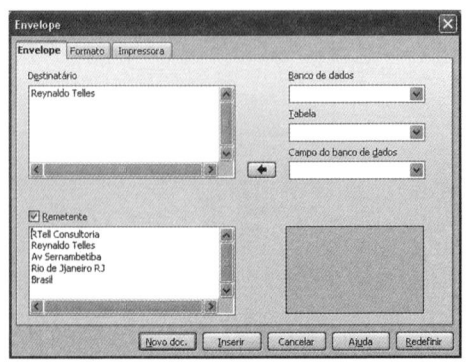

❏ **Quadro** – Um quadro é uma caixa de texto que você pode preencher com texto e mover pelo documento.

❑ **Tabela** – Insere uma tabela, conforme os dados informados por você, na caixa de diálogo que se abre. Serão solicitados um nome para a tabela e as dimensões da mesma.

❑ **Régua horizontal** – Por meio de um menu você poderá escolher um tipo de linha horizontal a ser inserida no documento.

❑ **Figura** – Por meio do menu que se apresenta, será possível inserir uma figura que esteja armazenada no seu computador ou digitalizar uma imagem. A digitalização pressupõe que você disponha de um scanner instalado na sua máquina.

> A digitalização, utilizando o nosso scanner, não é muito praticada pela maioria dos usuários. Por isso é bom ficar atento a essa possibilidade!

❑ **Filme e som** – Insere um arquivo de som no documento atual. Localize o arquivo de som que você deseja inserir e, em seguida, clique em Inserir.

❑ **Objeto** – Insere diversos tipos de objetos no documento.

Aqui é importante destacar a possibilidade de escrevermos fórmulas como esta: $= \dfrac{-b \pm \sqrt{b^2 - 4ac}}{2a}$

Você seleciona a opção Fórmula e, a seguir, passa à edição no painel que se abrirá na parte de baixo da tela. Acionando o botão da direita do mouse neste painel surgirão as diversas possibilidades de montagem de fórmulas.

E é nessa hora que você vai falar com seu professor de matemática, pois eu mesmo "sofro" na hora de usar este recurso (nunca fui bom nessa matéria...)

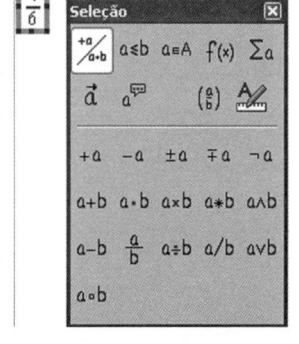

❑ **Quadro flutuante** – Insere um quadro flutuante no documento atual. Os quadros flutuantes são usados em documentos HTML para exibir o conteúdo de outro arquivo. Logo, é um assunto mais ligado a programadores para a Web do que para nós.

❏ **Arquivo** – Insere um arquivo completo no seu documento. Imagine que você está fazendo um trabalho, mas já possui, em outro arquivo, 200 páginas digitadas no arquivo **monografia.odt**, por exemplo. Não vai querer digitar tudo de novo, vai? É para isso que serve esta opção!

EXERCÍCIOS DE FIXAÇÃO

a) Que combinação de teclas abre o menu Inserir?
b) Em que opção do menu Inserir encontramos os caracteres a seguir: £ € ☺?
c) Quando inserimos uma Nota em um texto, ela se apresentará na impressão? Ou temos de adotar algum procedimento para vê-la? Qual é esse procedimento?
d) É possível inserir um arquivo existente no computador dentro de um documento que esteja sendo editado?
e) É possível inserir uma planilha do Calc dentro de um documento em edição?
f) É possível inserir uma equação matemática em um documento? Como?
g) Como fazer para criar um hiperlink em um documento do Writer? Um hiperlink pode ser criado para que tipos de destinos?

Lembre-se: Os exercícios de fixação não têm gabarito! Em caso de dúvida, volte e releia o assunto.

Menu Formatar (Alt+F)

A seguir temos o menu Formatar, muito utilizado na edição de documentos.

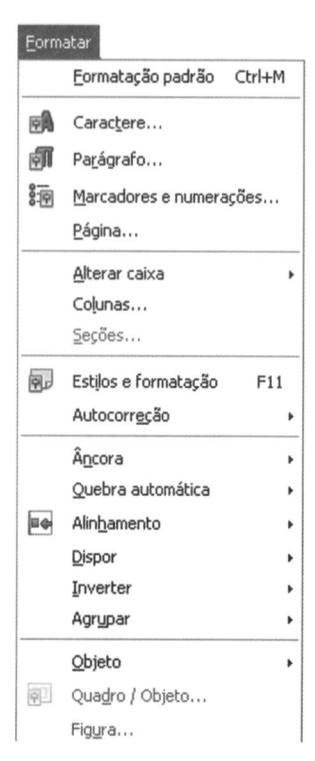

Comandos do Menu Formatar

❏ **Formatação Padrão** – Remove a formatação direta aplicada a um trecho do texto. A formatação direta é aquela que é aplicada diretamente pelos botões Negrito, Itálico e Sublinhado. Resumindo: se você aplicou um desses botões e clicar em Formatação Padrão, voltará à formatação original.
Teclas de atalho: Ctrl+M

❏ **Caractere** – Aplica formatação ao texto. Apresenta várias Guias como Fontes, Efeitos de fonte, Posição, Hiperlink e Plano de fundo.
No exemplo abaixo alterei o Sublinhado para Duplo; selecionei ~~Tachado~~ (que é este traço que corta a palavra); escolhi Palavras individuais, o que faz com que os efeitos sejam por palavras, e mudei a cor da fonte para Azul.
Agora experimente você mesmo as outras opções!

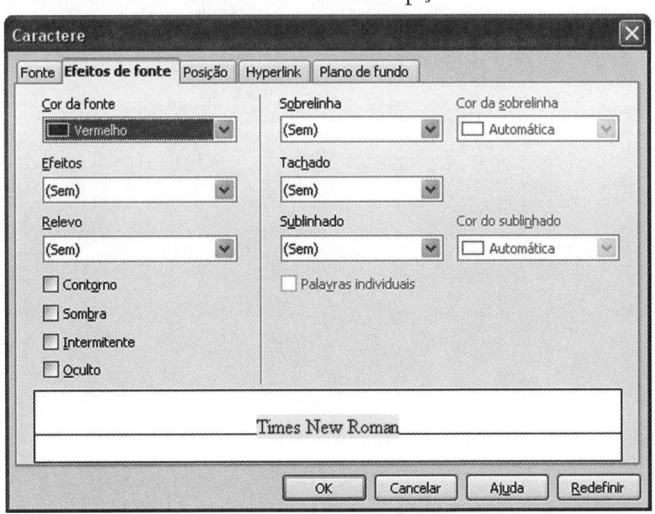

> Na Guia Posição, há uma "pegadinha". Você sabia que é possível aplicar rotação ao texto? Veja o exemplo a seguir, com rotação de 90º:
>
> EXEMPLO

❏ **Parágrafo** – Configura as características do parágrafo com Recuos antes e depois do texto e da primeira linha do parágrafo. Também permite ajustar o espaçamento entre linhas e alterar a numeração de páginas.

Note que as guias oferecem várias possibilidades, como Numeração de Linhas, Bordas e Tabulações. Experimente as várias opções com um texto de treinamento criado por você.

E, para alterar o número de uma página, selecione ou clique no primeiro parágrafo da página que deseja alterar a numeração. A seguir clique no menu Formatar e selecione a opção Parágrafo. Na janela Formatar parágrafo, na guia Fluxo de texto, marque as opções conforme a figura a seguir. Certifique-se de que a opção Quebras esteja configurada. E, então, selecione ou digite o novo número desejado para a página e clique em OK. Sei que você está achando estranho, mas é assim mesmo!

Sua vez! Não fique aí parado! Experimente renumerar uma página.

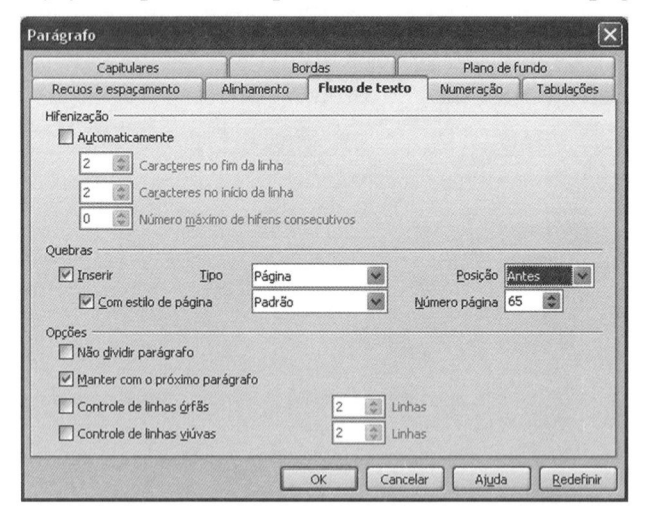

❑ **Marcadores e numeração** – Adiciona marcadores (símbolos) ou numeração aos parágrafos.

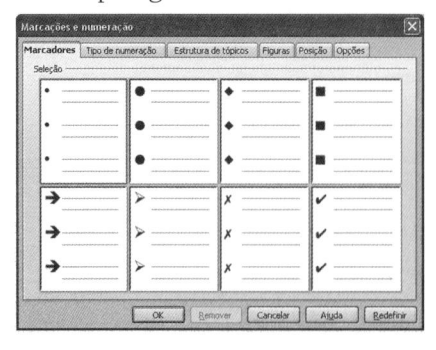

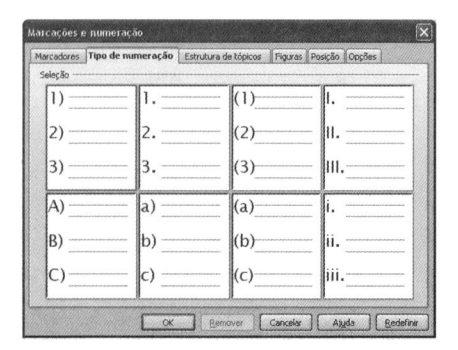

❑ **Página** – Disponibiliza os mesmos recursos que o campo Padrão na Barra de Status do Writer.

Já estudamos esta janela na Barra de Status, esqueceu?

Que tal voltar lá e dar outra "espiadinha"?

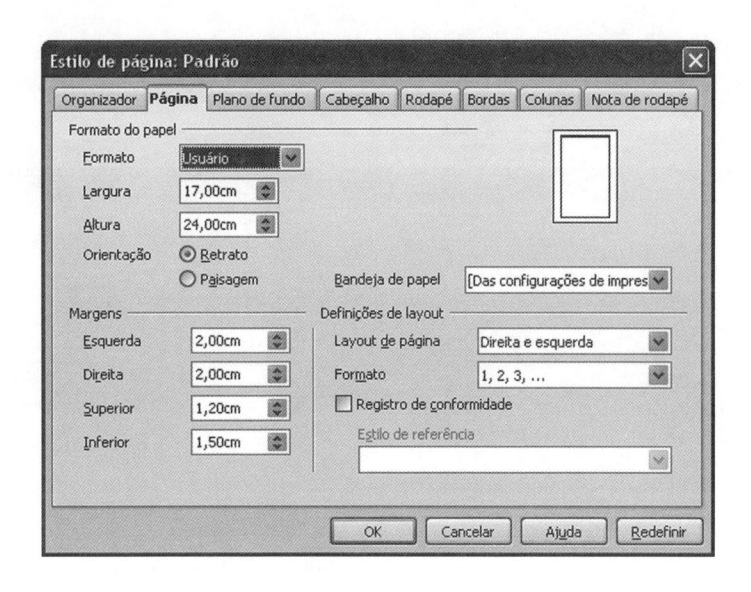

❑ **Alterar caixa** – Um recurso simples, mas muito útil. Aqui alternamos entre letras maiúsculas e minúsculas. São apenas duas opções. Ou passamos o trecho todo para maiúsculas ou para minúsculas. Esta é uma opção útil ao copiar um trecho da Web, por exemplo, se for preciso alterar a capitalização.

❑ **Colunas** – Aqui temos bastante para comentar. Um recurso muito empregado em apostilas e outros trabalhos é a formatação do texto em colunas. É importante saber que não é preciso digitar o documento em colunas. Podemos fazê-lo normalmente e, ao final, aplicar as colunas no texto todo ou em partes do mesmo.

Na figura a seguir é mostrado um exemplo de texto em colunas e como foi produzido.

Um trecho em colunas:

O Writer é o processador de textos componente do BrOffice. Aqueles usuários já familiarizados com o Word da Microsoft sentirão pouca diferença ao utilizar este software. Mas não se iluda com as aparências! Temos aqui importantes diferenças que podem nos surpreender nos concursos. As teclas de atalho, por exemplo, apresentam grandes diferenças.

Que tipos de arquivos o Writer pode produzir?

Um arquivo é o resultado do trabalho com um software, ou seja, aquilo que é salvo. O Writer pode produzir diversos tipos de arquivos.

Como foi feito? Inicialmente digitamos o texto e, em seguida, o selecionamos. Depois selecionamos a opção Colunas no Menu Formatar. Teremos a janela a seguir.

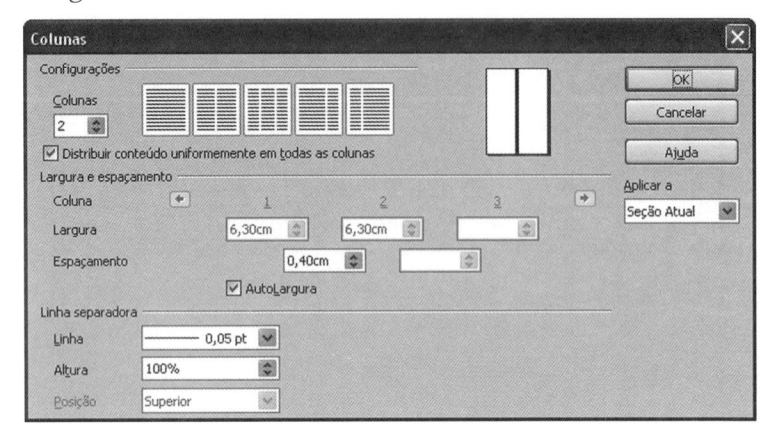

Note que selecionei duas colunas e que registrei 0,40 como Espaçamento. Assim as colunas não ficam "coladas" uma na outra. E na opção Linha separadora, selecionei 0,05 pt (pontos) para ter uma linha vertical fina entre as colunas. Caso você não deseje linha alguma, selecione a opção Nenhum.

Vamos lá, agora é sua vez. Experimente as outras opções desta janela!

❑ **Seções** – Permite configurar diversos atributos para a seção selecionada. Assim, entre outras alternativas, é possível proteger a seção contra gravação ou ocultá-la.

❑ **Estilos e formatação** – Ainda se lembra disto? Não?! Pois volte lá na Barra de ferramentas Formatação. Está tudo lá, logo no início. **Teclas de atalho: F11**

❑ **Autocorreção** – Formata automaticamente o arquivo de acordo com as opções definidas em **Ferramentas – AutoCorreção**. O Writer procede a diversas formatações automáticas. Por exemplo: digite *analize* e ele corrigirá para *análise*. Agora inicie uma frase qualquer, mas "se engane propositalmente" e coloque as duas letras iniciais em maiúsculas, assim: "QUero passar no concurso". Ocorrerá a correção automática para "Quero passar no concurso".

No item AutoFormatação você pode optar se deseja que ela ocorra **Ao digitar** ou não. É só marcar ou desmarcar a opção.

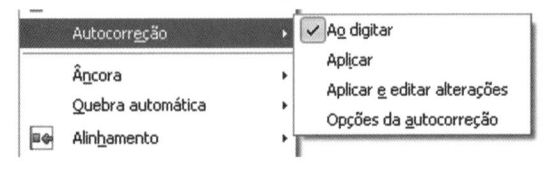

Veremos a opção AutoCorreção com mais detalhes quando estudarmos o menu Ferramentas. Aguarde!

> As opções a seguir são aplicáveis às figuras (exceto a opção Formatar, que atua sobre o parágrafo).
> Para praticá-las é necessário inserir uma figura no texto e selecioná-la. Só assim as opções dos menus serão ativadas.

❑ **Âncora** – Você pode usar âncoras para posicionar um objeto, uma figura ou um quadro em um documento. Um item ancorado permanece no lugar ou se move quando você modifica o documento. Veja a seguir as opções disponíveis para se ancorar objetos:

Ancoramento	Efeito
Na página	Ancora o item selecionado na página atual.
No parágrafo	Ancora o item selecionado no parágrafo atual.
No caractere	Ancora o item selecionado em um caractere.
Como caractere	Ancora o item selecionado como um caractere no texto atual. Se a altura do item selecionado for maior que o tamanho da fonte atual, a altura da linha que contém o item será aumentada.
No quadro	Relacionado à edição de páginas Web.

Quando você insere um objeto, uma figura ou um quadro, é exibido um ícone de âncora no local em que o item está ancorado. Você pode posicionar um item ancorado ao arrastá-lo para uma outra localização.

Para alterar as opções de âncora, clique com o botão direito do mouse no item (no caso, a figura da lâmpada) e, em seguida, escolha uma opção no submenu Ancorar.

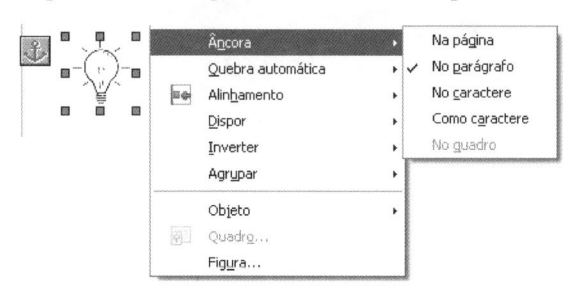

❑ **Quebra automática** – Define as opções de quebra automática de texto para figuras e objetos. Em resumo, define como o texto se comportará em relação ao objeto.

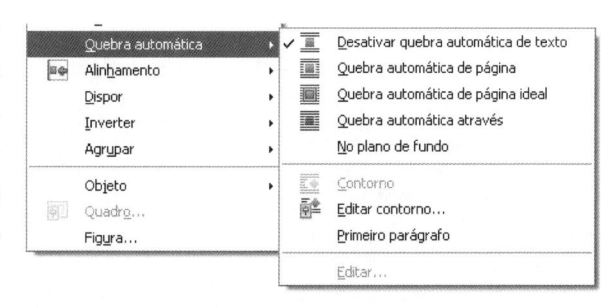

- **Desativar quebra automática de texto** – Posiciona o objeto em uma linha separada no documento. O texto no documento aparece acima ou abaixo do objeto, mas não nos lados.
- **Quebra automática de página** – Dispõe o texto automaticamente em todos os quatro cantos da borda do quadro do objeto.
- **Quebra automática de página ideal** – Dispõe o texto automaticamente à esquerda, à direita ou em todos os quatro lados da borda do quadro do objeto.
- **Quebra automática através** – Coloca o objeto sobre o texto.
- **No plano de fundo** – Coloca o objeto sob o texto (semelhante a uma marca d'água).

❏ **Dispor – Inverter – Agrupar** – Estas opções permitem trabalhar o posicionamento entre figuras quando selecionadas. Os menus indicam os efeitos aplicáveis. A opção Agrupar, por ser menos intuitiva, merece uma explicação. Agrupar várias figuras significa selecioná-las e torná-las uma só figura; desagrupar é exatamente o contrário.

❏ **Formatar figura** – Antes de utilizarmos esta opção, precisamos ter uma figura selecionada.

Na guia Tipo podemos configurar o tamanho da figura, sua posição – ancorar – e posição horizontal e vertical.

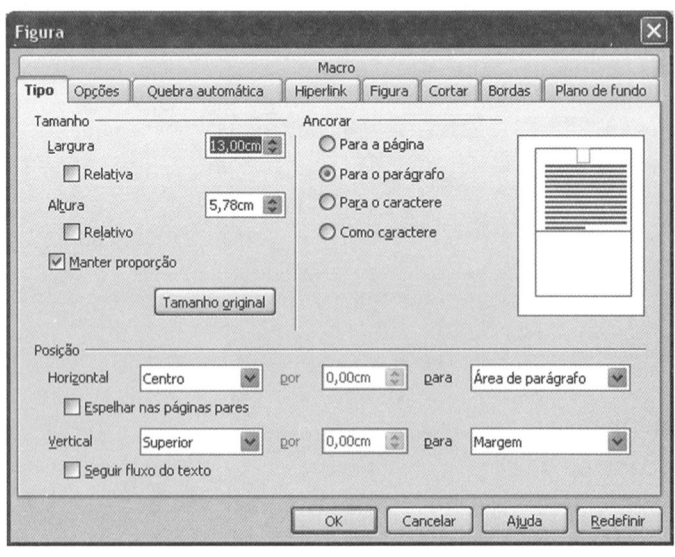

Na guia Quebra automática configuramos as Quebras de texto, como vimos anteriormente, e ainda podemos definir as distâncias do texto para a figura. Note que na tela abaixo o espaçamento à esquerda está com 0,20 cm. Essa figura foi Formatada exatamente assim. Observe e experimente as demais configurações.

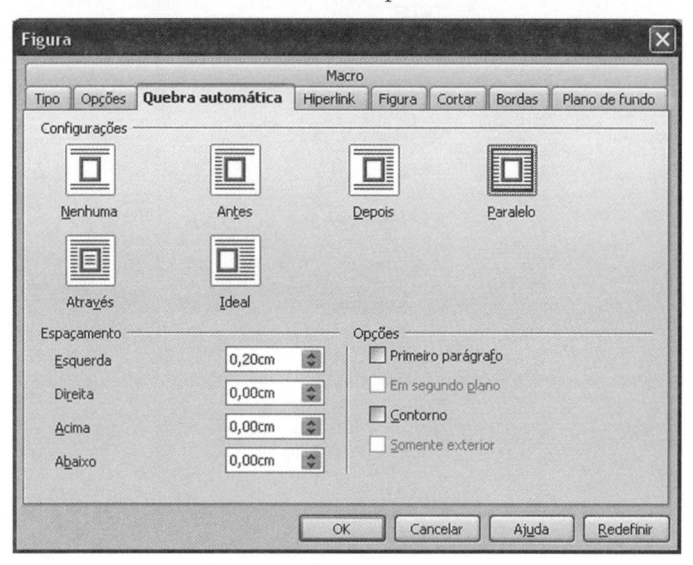

> Experimente as opções dessas duas telas. Crie um texto qualquer e insira uma figura. Em seguida, altere as configurações de tipo, principalmente o tamanho, mantendo as proporções, e teste as Quebras automáticas para observar os efeitos.

EXERCÍCIOS DE FIXAÇÃO

a) Que combinação de teclas abre o Menu Formatar?
b) É possível colocar linha entre colunas usando apenas o botão Colunas da Barra de ferramentas Padrão? Como se obtém esse efeito?
c) Para que serve e como funciona a opção Alterar caixa?

Lembre-se: Os exercícios de fixação não têm gabarito! Em caso de dúvida, volte e releia o assunto.

Menu Tabela (Alt+T)

Um recurso bastante utilizado nos processadores de texto atualmente é a criação de tabelas.

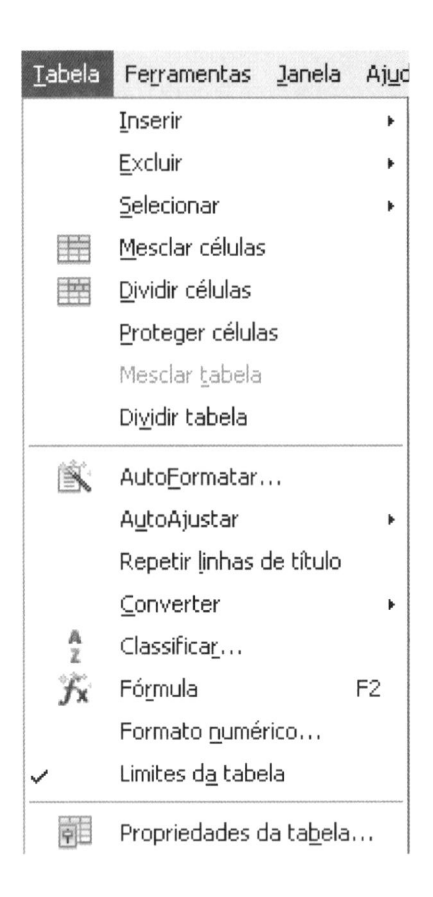

Comandos do Menu Tabela

❑ **Inserir** – O nosso primeiro passo para estudarmos o assunto é inserir uma tabela selecionando a opção Tabela e, após atribuído um nome, definir a quantidade de linhas e colunas.

Teclas de atalho: Ctrl+F12

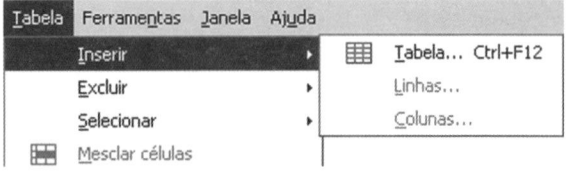

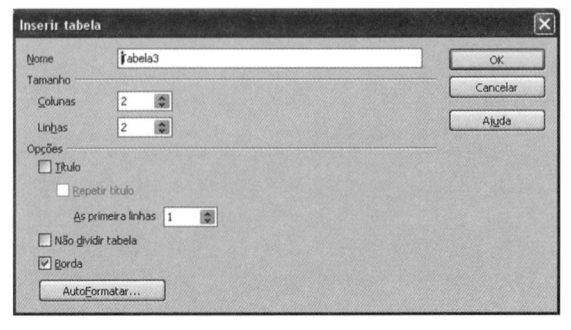

Veja como fica nosso exemplo:

Note que o cursor está dentro da tabela, pois é dessa forma que poderemos utilizar os comandos do Menu Tabela.

❏ **Inserir Linhas e Colunas** – O primeiro passo para estudarmos o assunto é inserir uma tabela selecionando a opção Tabela e, após atribuído um nome, definir quantas linhas e colunas desejamos.

Nas opções ao lado podemos selecionar quantas linhas ou colunas desejamos inserir.

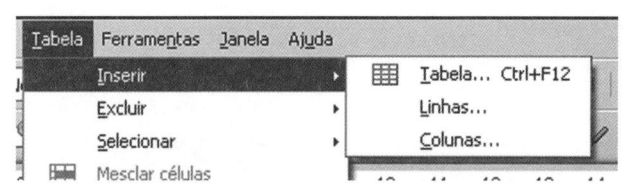

❏ **Excluir** – De forma semelhante, pela opção Excluir podemos excluir toda a tabela, linhas ou colunas. Para isso, basta que o cursor esteja na linha ou coluna desejada e acionar a opção desejada.

❏ **Selecionar** – De maneira análoga aos recursos anteriores, a opção selecionar permite a seleção de toda a tabela, linhas, colunas ou células.

❏ **Mesclar células** – Mesclar células significa transformar células adjacentes em uma única célula. Para isso, selecionamos as células em questão e clicamos na opção Mesclar células.

Antes de mesclar selecionamos as células...

Após mesclar, temos o resultado ao lado. Note que os valores permaneceram.

> 👁 **Embora pareça cedo para tocar no assunto, aqui está uma pegadinha:** Quando estudarmos o Calc, você vai notar que nele a mesclagem de células funciona de forma diferente. Fique de olho!

- ❑ **Dividir células** – Dividir células significa transformar uma ou mais células em uma quantidade de células desejada. Será apresentado um menu no qual você poderá dividir horizontal ou verticalmente uma ou mais células.
- ❑ **Proteger células** – Impede que o conteúdo das células selecionadas seja modificado. Para desprotegê-las, no menu de contexto (utilizando o botão direito do mouse) de uma célula, escolha **Célula – Desproteger**.
- ❑ **Mesclar tabela** – Combina duas tabelas consecutivas em uma única tabela. As tabelas não podem estar separadas por um parágrafo vazio.

Aqui temos duas tabelas. Note que só será possível selecionar uma ou outra.

Tabela A	Tabela A	
Tabela A	Tabela A	
Tabela B	Tabela B	Tabela B
Tabela B	Tabela B	Tabela B

Aqui temos as duas tabelas após mesclagem. Note que agora será possível selecionar toda a tabela.

Tabela A	Tabela A	
Tabela A	Tabela A	
Tabela B	Tabela B	Tabela B
Tabela B	Tabela B	Tabela B

- ❑ **Dividir tabela** – Divide a tabela atual em duas tabelas separadas na posição do cursor. Você também pode clicar com o botão direito do mouse em uma célula da tabela para acessar este comando.

Aqui usamos a tabela anterior já mesclada para dividir. Note a posição do cursor na terceira célula à esquerda. Ali se dará a divisão.

Tabela A	Tabela A	
Tabela A	Tabela A	
Tabela B	Tabela B	Tabela B
Tabela B	Tabela B	Tabela B

Após o comando Dividir tabela, este será o resultado. Note a posição do cursor na mesma célula.

Tabela A		Tabela A	
Tabela A		Tabela A	

Tabela B	Tabela B	Tabela B
Tabela B	Tabela B	Tabela B

❑ **AutoFormatar** – Aqui o objetivo é aplicar um formato mais agradável. Experimente você mesmo os vários formatos disponíveis.

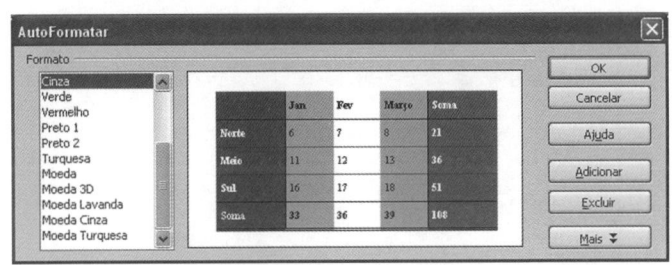

❑ **AutoAjustar** – Permite ajustar o tamanho das células, de várias formas, em função do seu conteúdo.

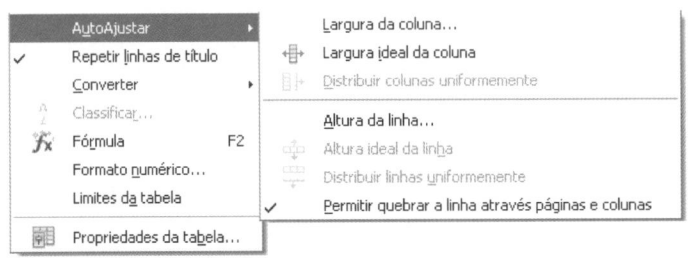

❑ **Repetição de linhas de título** – Utilizado para repetir um título de tabela em cada nova página que a tabela ocupe.

❑ **Converter** – Converte um texto para o formato de tabela ou vice-versa.

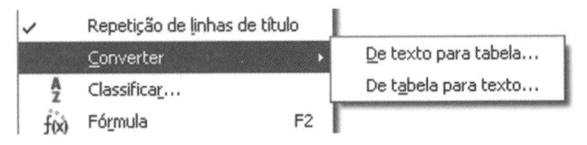

❑ **Classificar** – Classifica os dados em ordem crescente ou decrescente das colunas, conforme as necessidades.

Aqui temos uma tabela com as colunas sem nenhuma classificação. Note que há dois nomes Bruno e dois Anderson com notas diferentes. Para classificar, o primeiro passo é selecionar a tabela, como neste exemplo.

Bruno	10
Anderson	9
Valéria	10
Vilma	10
Bruno	7
Anderson	6

Observe que estamos classificando, em primeiro lugar, pela ordem crescente dos nomes – Coluna 1 – e, em segundo lugar, pela ordem decrescente da Nota – Coluna 2. Quer um exemplo? A lista de aprovados do seu concurso.

Primeiro procuramos nosso nome por ordem alfabética e depois conferimos nossa nota. Não é assim?

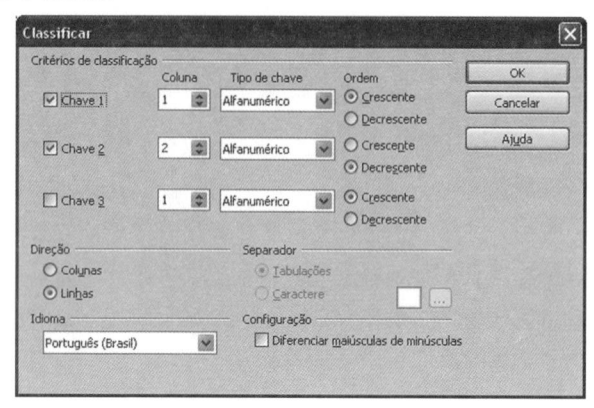

❑ **Fórmula** – Aplica fórmulas em uma célula que esteja vazia e tenha sido selecionada.

Aqui temos uma diferença grande em relação ao Word.

O Writer assume um comportamento semelhante ao do Calc. Eu disse **semelhante!** As coisas não são iguais.

Você clica na célula, seleciona a opção Fórmula e vai compondo a fórmula. Poderá fazer isso digitando o endereço das células (mas use os sinais < >) ou clique nas células que comporão a fórmula para "capturar" seu endereço.

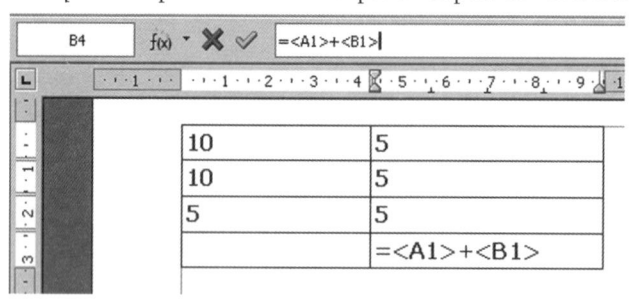

❑ **Formato numérico** – Aplica diversos formatos aos números selecionados na tabela como, por exemplo, moeda, data, hora etc.

❑ **Limites da tabela** – Aplica bordas nas tabelas para visualização do usuário. Essas bordas não são visíveis na impressão. É como a opção Limites do texto do Word. As bordas servem apenas como orientação.

Não confunda com a opção Bordas da barra de ferramentas Tabela. A borda da Barra de ferramentas Tabela surge ao clicarmos em qualquer célula. Essa opção, sim, aplica bordas visíveis na impressão.

Aproveite que falamos dessa barra de ferramentas para estudar seus botões. Vale a pena!

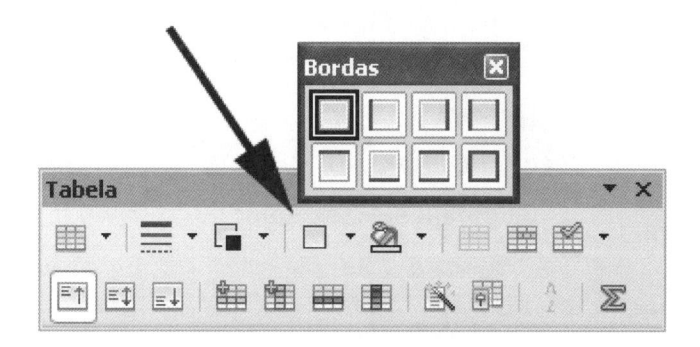

EXERCÍCIOS DE FIXAÇÃO

a) Em uma tabela do Writer, quando mesclamos células que tenham conteúdo, todos os dados são perdidos. Certo ou errado?
b) É possível dividir uma tabela que já esteja completamente digitada? Como?
c) A Autoformatação de uma tabela permite que os dados sejam atualizados em função de uma base de dados. Certo ou errado? Caso esteja errado, o que faz, então, a Autoformatação de uma tabela do Writer?
d) Temos um texto digitado e queremos transformá-lo em uma tabela. É possível? Como?
e) Podemos classificar dados em uma tabela? Como?

Lembre-se: Os exercícios de fixação não têm gabarito! Em caso de dúvida, volte e releia o assunto.

Menu Ferramentas (Alt+R)

Este menu apresenta muitos recursos utilizados na edição de documentos. Como destaque temos o último item – Opções.

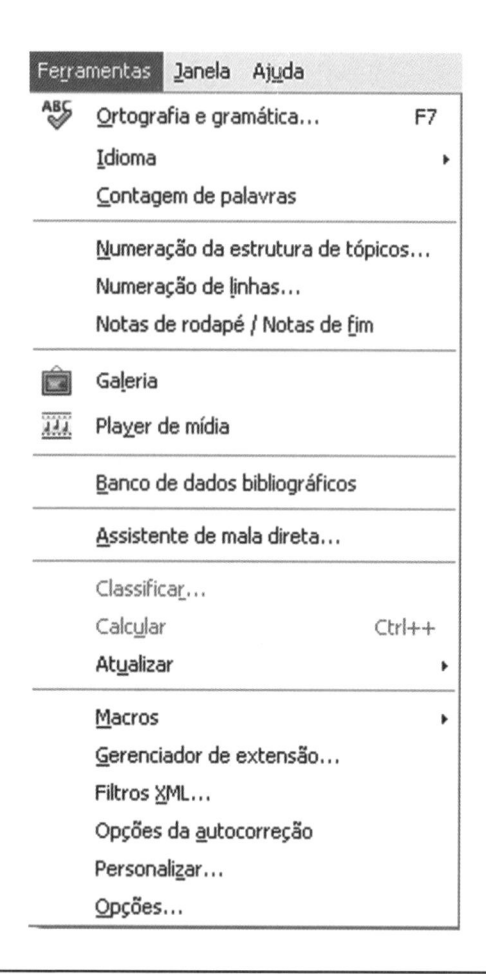

```
Ferramentas  Janela  Ajuda
  ABC  Ortografia e gramática...          F7
       Idioma                              ▶
       Contagem de palavras

       Numeração da estrutura de tópicos...
       Numeração de linhas...
       Notas de rodapé / Notas de fim

       Galeria
       Player de mídia

       Banco de dados bibliográficos

       Assistente de mala direta...

       Classificar...
       Calcular                         Ctrl++
       Atualizar                           ▶

       Macros                              ▶
       Gerenciador de extensão...
       Filtros XML...
       Opções da autocorreção
       Personalizar...
       Opções...
```

> A opção Opções deste menu configura todo o ambiente BrOffice.
> Esse assunto foi objeto de estudo no início dos nossos trabalhos com o Writer.

Comandos do Menu Ferramentas

❏ **Ortografia e gramática** – Este é, com certeza, o recurso mais admirado por todos os digitadores de "primeira viagem". Por meio dele o Writer verifica, ou seja, faz a revisão ortográfica do documento a partir do ponto em que se encontra o cursor. Mas, ao final do processo, podemos efetuar a verificação em todo o documento.

Que tal esta frase: *Minha terra tem **parmeiras** onde canta o sabiá.*

Coloque o cursor no início da frase e tecle **F7**. Essa é uma tecla de atalho muito cobrada em concursos. Teremos o resultado a seguir.

Sei que você não está vendo, mas, nesta janela, a palavra **parmeiras** está com a cor vermelha (um dia desses ainda vou editar um livro colorido...).

Note as sugestões no painel inferior. Efetuando duplo clique com o mouse sobre a sugestão **palmeiras** (que está em preto mesmo, você notou?), o Writer corrigirá a palavra e passará a buscar a próxima palavra errada. Uma outra forma de fazer isso é selecionar a sugestão **palmeiras** e clicar no botão **Substituir**. O efeito será o mesmo.

Note, ainda nesta janela, que podemos Ignorar a sugestão agora – **Ignorar** – ou **Ignorar sempre**. No primeiro caso, se surgir outra palavra **parmeiras,** o Writer vai reclamar de novo; no segundo caso, não nos incomodará mais nessa revisão. E caso seja ele o errado (às vezes ele se engana), podemos adicionar a palavra que ele desconhece ao dicionário.

> 👁 Atenção usuários do Word! O Writer não faz a revisão gramatical na sua configuração padrão! Embora o menu apresente esta opção (na configuração padrão), será necessária a instalação do Corretor Gramatical. O mais conhecido atualmente é o CoGrOO, em português e "freeware". Na tela apresentada acima pode-se notar a caixa de verificação Verificar gramática. Isto por que o CoGrOO está instalado.
> **Tecla de atalho – Tecla F7**

❏ **Idioma –** O Writer é "poliglota"! Você sabia? Na opção idioma, é possível definir o idioma do trecho selecionado, do parágrafo e do texto inteiro. Veja o que acontece quando seleciono uma frase e informo ao Writer que essa frase está em inglês. Note que misturei palavras em português e inglês.

O Writer é poliglota. Ele fala português and english too.

Como você certamente notou, ele sublinhou em vermelho as palavras em português indicando que estão erradas. Agora, não me pergunte por que ele sublinhou **english** também (a*cho que o inglês dele não está lá essas coisas...*)

Contagem de palavras – Selecionando um trecho esta opção apresenta a contagem de palavras e caracteres do trecho e de todo o documento.

Se não selecionarmos, serão mostradas apenas as quantidades do texto todo.

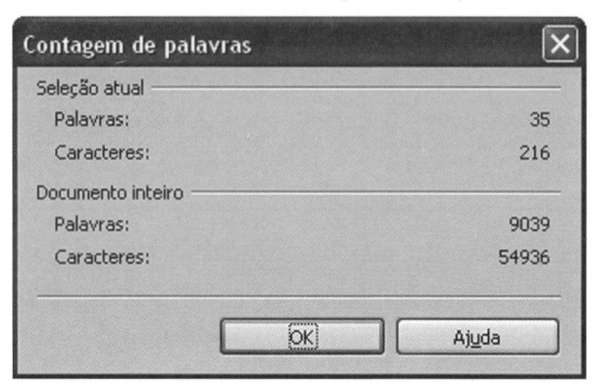

❏ **Numeração da estrutura de tópicos** – Exibe os diferentes estilos que você pode aplicar a uma lista hierárquica. O Writer oferece suporte a até nove níveis de estrutura de tópicos em uma lista hierárquica.

❏ **Numeração de linhas** – Este recurso permite numerar as linhas de um documento.

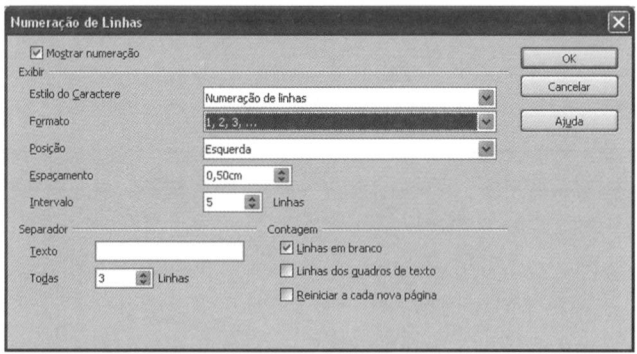

Nesta janela ativamos a numeração das linhas.

Também são configurados o espaçamento, o tipo de numeração, o intervalo de contagem, entre outras opções.

Experimente num texto qualquer!

❏ **Galeria** – Este recurso permite adicionar elementos gráficos ao documento. Note, na figura a seguir, que a tela será dividida e, na parte superior, é exibida a janela do Gallery. Neste exemplo inseri um plano de fundo neste livro que estou digitando. Para isso, clique no painel da direita do Gallery, selecione Planos de fundo e escolha, com duplo clique no botão esquerdo do mouse, o tipo desejado. Em seguida, clique com o botão direito sobre o plano escolhido, selecione Inserir – Plano de fundo – Página.

Para desativar o Gallery, basta clicar no botão Gallery da Barra de ferramentas Formatação.

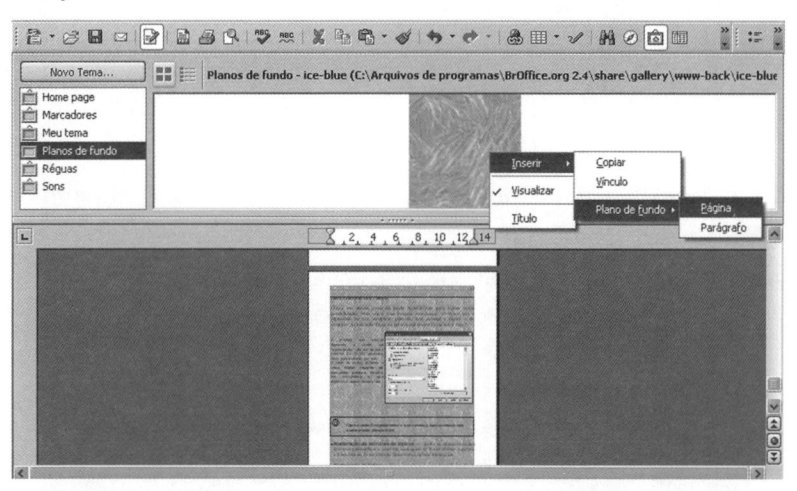

- **Notas de rodapé/Notas de fim** – Esta opção configura as opções para inclusão de notas de rodapé e notas de fim no documento. Notas de rodapé são inseridas no final de uma página, e notas de fim são inseridas no fim de um documento. A inserção das notas de rodapé e notas de fim é feita no Menu Inserir – Nota de rodapé.
- **Player de mídia** – Permite reproduzir arquivos de imagem e som em diversos formatos.
- **Assistente de mala-direta** – Este recurso permite confeccionar uma mala-direta utilizando uma lista de endereços criada pelo usuário com a ajuda do assistente de mala-direta. Existe outra forma de se obterem os endereços a partir de uma planilha do Calc, mas esse método requer alguns conhecimentos que não se enquadram no nosso estudo. Apenas para os usuários mais avançados, a dica é criar a planilha no Calc, salvar como arquivo do Dbase, com a extensão.dbf e a partir daí usar a tabela criada como fonte dos dados.
- **Classificar** – Aqui podemos classificar textos mesmo estando fora de uma tabela. Note que o texto não está em ordem alfabética. Ao clicarmos em Classificar surgirá a janela Classificar, que já estudamos quando vimos o assunto Tabela.

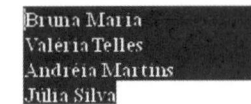

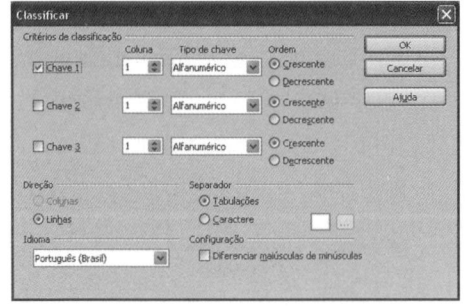

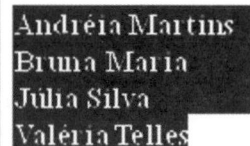

Note que agora a relação está em ordem alfabética.

❏ **Calcular** – Você pode utilizar funções predefinidas em uma fórmula e, em seguida, inserir o resultado do cálculo em um documento de texto.

Por exemplo, para calcular a soma de três números, faça o seguinte:

1. Clique no documento em que deseja inserir a fórmula e, em seguida, pressione F2. Surgirá a Barra de Fórmulas na área de trabalho.

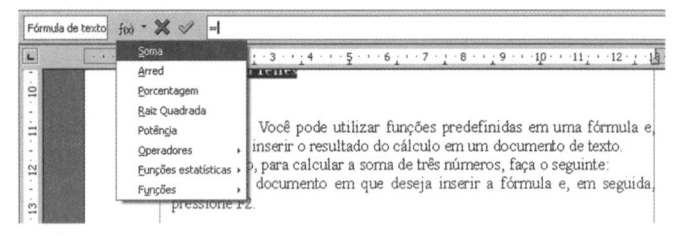

2. Clique no ícone Fórmula – *f(x)* – e, em seguida, escolha "Soma" na lista.
3. Digite o primeiro número, seguido de um travessão vertical (|), e repita o mesmo para o segundo e o terceiro números.
4. Pressione Enter, e o resultado aparecerá no texto. Ele é inserido como um campo. Se você clicar no menu Exibir – Campos verá a fórmula.

   Para editá-la, clique duas vezes no campo do documento.

   (Meio esquisito para um editor de textos, você não acha?)

❏ **Atualizar** – Atualiza os dados exibidos. Em um ambiente multiusuário, este comando garante dados sempre atualizados. Esta opção faz sentido quando estamos tratando com dados de bancos de dados etc. Este assunto está fora do nosso estudo.

❏ **Macros** – Uma macro é uma abreviação para um conjunto de comandos utilizada para simplificar uma tarefa repetitiva. Assim, em vez de efetuar uma sequência de comandos complexos, executamos somente o nome de uma macro. Resumindo: uma macro é um comando que substitui vários comandos. Construir uma macro também não é objetivo do nosso estudo. Mas você deve saber o conceito.

Das demais opções do Menu Ferramentas, destaca-se o item Opções. Mas esse tópico incluímos no início do nosso estudo, sob o título "Configurando o BrOffice.org".

❑ **Opções da AutoCorreção** – Alguma vez você digitou algo errado e o Writer corrigiu automaticamente? Ou começou uma frase em letra minúscula e ele alterou?

Isso acontece devido à AutoCorreção. Veja a seguir as várias possibilidades.

A janela AutoCorreção

O seu *assougue* só vende carne de segunda?

O Writer corrige isso (só o texto, não a carne...). Veja a janela ao lado.

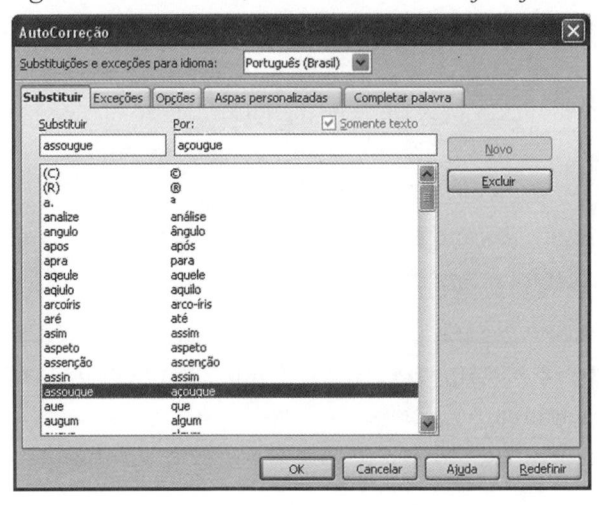

Agora pense na Embraer, orgulho da nossa indústria aeronáutica. Ela produz alguns aviões com o nome Emb (EMB 120, EMB 145). Sabe o que acontece lá na Embraer? Toda vez que eles digitam EMB se transforma em BEM. E agora?

Selecione o conjunto Emb – Bem e clique no botão Excluir. Da próxima vez, não haverá a substituição automática de Emb por Bem.

Dica: você é daqueles que vivem escrevendo **pobrema**? Então seus problemas acabaram! Na janela AutoCorreção, digite **pobrema** no campo Substituir e **problema** no campo Por. Em seguida, clique no botão Novo que estará disponível. Resolvido! Não "pagaremos mais micos!".

Outros recursos da AutoCorreção

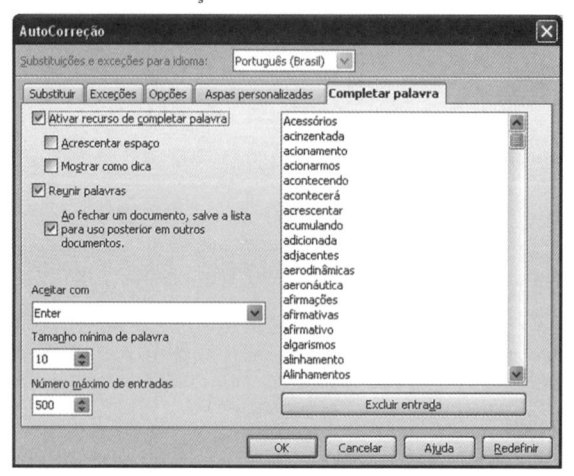

Clique nas demais guias da janela AutoCorreção para treinar outras possibilidades. Mas existe uma bastante interessante. O Writer tem a capacidade de autocompletar palavras. Você começa a digitar e ele completa. Aí é só teclar Enter e a palavra está pronta. Como isso é feito?

À medida que vamos digitando, o Writer vai "aprendendo" até um número máximo de 10.000 palavras, valor este definido por nós.

A partir de então, estando a caixa **Ativar recurso de completar palavra** ativada, ele completará o que digitarmos automaticamente.

> 👁 Como a opção Completar palavra é um recurso pouco conhecido, vale a pena prestar atenção a ela!

❓ EXERCÍCIOS DE FIXAÇÃO

a) Que tecla aciona automaticamente a Verificação Ortográfica?
b) Quando o Writer encontra erros ortográficos, ele os sublinha com que cor?
c) Em que menu e opção podemos verificar a quantidade de palavras e caracteres de um texto?
d) Qual é o nome da operação que efetivamente coloca os nomes dos destinatários nas cartas, etiquetas ou envelopes?
e) O que você entende por macro? Para que serve?
f) Quais são as principais possibilidades da ferramenta Autocorreção?

g) O Writer pode ser configurado para fazer backups automáticos. Como? (essa eu não contei...). Mas que tal dar uma olhada em Ferramentas-Opções-Carregar/salvar?

h) No Writer, por padrão, para visitarmos um hiperlink, pressionamos Ctrl+clique do mouse. Certo ou errado?

Lembre-se: Os exercícios de fixação não têm gabarito! Em caso de dúvida, volte e releia o assunto.

Menu Janela (Alt+J)

Este menu serve para abrir uma nova janela na qual se apresentará o mesmo documento. E na parte inferior do menu são apresentadas as janelas que estão abertas no momento.

Note, no Menu Janela, que as teclas de atalho para fechar a janela atual são **Ctrl+W**.

Mas, assim como no Word, as combinações **Alt+F4** e **Ctrl+F4** também fecham a janela aberta.

Menu Ajuda (Alt+U)

No menu Ajuda podemos identificar a versão do BrOffice.org e do corretor gramatical CoGrOO (que eu instalei nesta máquina). E pela opção Ajuda – Tecla de atalho F1 – podemos buscar qualquer tópico necessário.

A opção **O que é isto?** é muito interessante.

Clicando sobre esta opção o cursor se transforma em uma interrogação. Movendo esse símbolo sobre os diversos ícones da área de trabalho, obtemos uma pequena descrição sobre aquela funcionalidade.

Experimente! Passeie sobre todos os botões para fazer uma revisão geral. Afinal, os ícones são muito cobrado em provas.

EXERCÍCIOS – WRITER

A figura a seguir apresenta um texto editado com o BrOffice Writer

1. **Julgue os quesitos a seguir e assinale a resposta *errada*.**
   a) Na tela ao lado, se efetuarmos um clique triplo na palavra **estratégias**, pressionarmos a tecla Delete, prosseguirmos teclando as teclas Alt+A, seguido da letra S e da tecla Enter e, finalmente, pressionarmos a combinação de teclas Ctrl+Z, o texto não sofrerá qualquer modificação.
   b) O botão ![] (não disponível nesta imagem) permite copiar a formatação de um trecho do texto e aplicá-la a outro trecho.
   c) A opção Colar Especial, contida no Menu Editar, nos permite Colar uma figura originária de outro aplicativo e que esteja na área de transferência. Nesse caso a figura colada poderá ocupar menos espaço que a original.
   d) A Opção Colar Especial permite copiar um trecho de outra parte do documento ou mesmo de outro documento e colá-lo no texto que esteja sendo editado, desprezando a formatação do trecho original. Um trecho copiado com formatação Negrito ou Sublinhado, por exemplo, poderá ser colado sem essas formatações.
   e) Na figura, se efetuarmos um duplo clique na palavra **conhecimentos,** todo o parágrafo será selecionado.

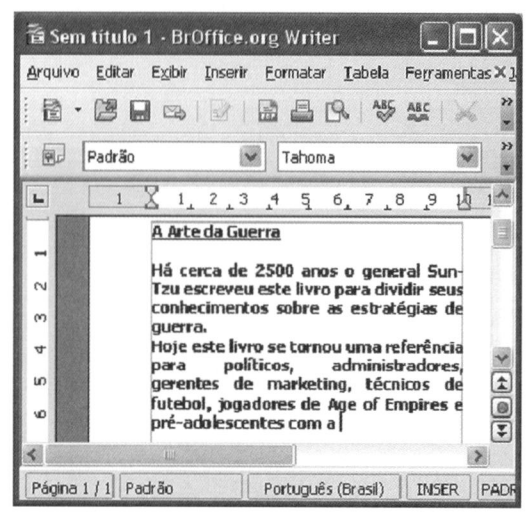

2. **Ainda com relação à figura anterior, julgue os quesitos a seguir e assinale a resposta *errada*.**
   a) O acionamento da combinação de teclas Alt + R fará com que se abra o menu Ferramentas.
   b) Se colocarmos o ponto de inserção imediatamente após o nome Sun Tzu e efetuarmos um triplo clique com o botão esquerdo do mouse, toda a linha ficará selecionada.
   c) O documento da figura anterior está sendo exibido em Layout de impressão.
   d) Para salvarmos o documento com o nome Sun Tzu será suficiente pressionar a combinação de teclas Ctrl+S ou acionarmos o Menu Arquivo, opção Salvar. Como consequência dessas ações, na janela que se abrirá, digitamos o nome do arquivo – Sun Tzu – não sendo necessário colocar a extensão que será automaticamente adicionada pelo Writer.
   e) O documento anterior pode ser protegido por senha, no momento em que a janela Salvar Como estiver aberta.

3. **No BrOffice Writer, com respeito à lista de ações mais recentes acionada pelo ícone em forma de uma pequena seta apontada para baixo (à direita da seta curva) é correto afirmar que:**
   a) a lista de ações recentes fica associada ao documento de forma a permitir que, mesmo após este sendo fechado, ainda seja possível desfazer ações realizadas;
   b) uma ação só pode ser desfeita enquanto o documento não tiver sido salvo;
   c) o comando Desfazer tem como teclas de atalho a combinação Alt+Z;
   d) ao desfazer uma ação, na lista das ações recentes, serão também desfeitas todas as ações posteriores;
   e) ao se desfazer uma ação, na lista das ações recentes, é possível fazer com que apenas aquela ação seja desfeita, sem que as anteriores e posteriores sejam afetadas.

4. **Observe a figura a seguir. Há vários símbolos após cada linha e pontos entre as palavras. Os símbolos apresentados representam:**
   a) as quebras de página inseridas no texto;
   b) símbolos especiais do mapa de caracteres;
   c) símbolos de fontes True type;
   d) as marcas de formatação e os caracteres não imprimíveis se apresentaram pelo acionamento do botão, ao lado, ¶ existente na barra de ferramentas.

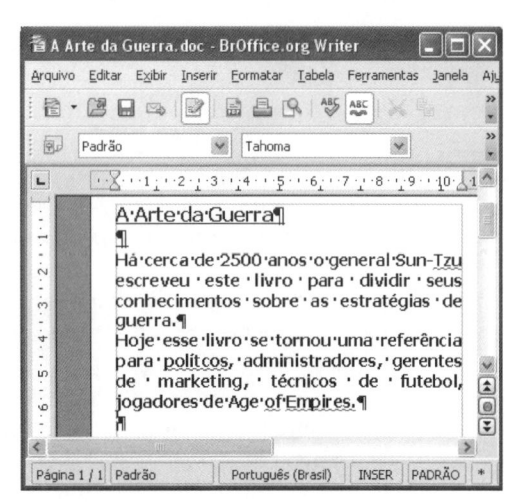

5. **Assinale a opção *incorreta*:**
   a) No Writer podemos selecionar um parágrafo e, em seguida, selecionar outro parágrafo (ou parte) sem que a primeira seleção seja perdida.
   b) Uma macro é um procedimento armazenado no Writer, destinado a realizar procedimentos repetitivos.
   c) No Writer, ao copiarmos um trecho poderemos colá-lo respeitando a formatação original ou a formatação de destino. Para respeitar a formatação de destino, usamos a opção Texto sem formatação do item Colar Especial do Menu Editar.
   d) No Writer a colagem de itens depende da quantidade de objetos disponível na Área de transferência. Quando o número é maior que 10 objetos a colagem não é possível, pois a área de transferência só admite essa quantidade.

6. **Com relação ao BrOffice Writer, assinale a opção *incorreta*.**
   a) A combinação de teclas Ctrl+Z desfaz as últimas ações sucessivamente.
   b) A combinação de teclas Alt+A abre o Menu Arquivo.
   c) A combinação de teclas Alt+E abre o Menu Editar.
   d) A combinação de teclas Ctrl+B salva o documento em edição.

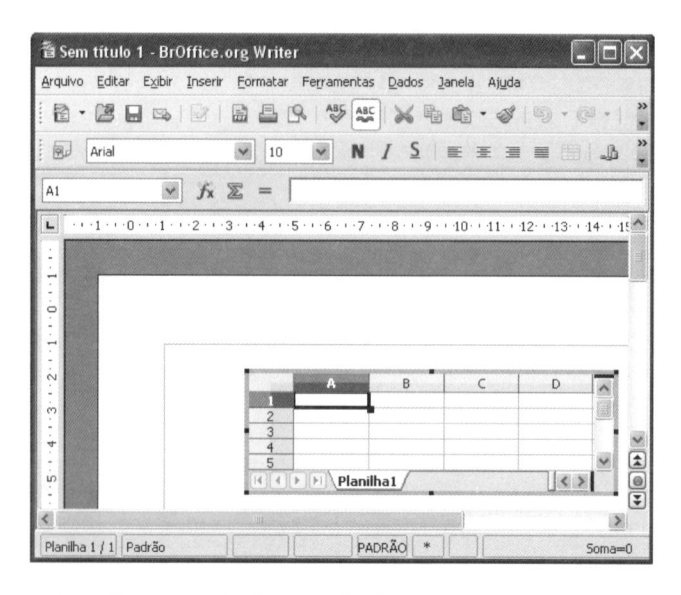

7. **Observando a figura anterior, assinale a resposta *errada*.**
   a) Para incluir a planilha BrOffice Calc, em branco, no documento em edição, basta clicar no Menu Inserir; na lista de opções, selecionar Objeto – Objeto OLE e na janela que se segue, selecionar Planilha do BrOffice.org, clicando finalmente em OK.
   b) Apesar de os botões integrantes do Calc e da barra de fórmulas aparecerem na tela acima, estes só estão disponíveis no Writer durante a manipulação da planilha do Calc inserida.
   c) Para salvar o documento que contém a planilha, será suficiente salvarmos como um arquivo do Writer, não sendo necessária nenhuma ação por meio do aplicativo Calc.
   d) O simples ato de clicar com o mouse em qualquer ponto do documento, fora da área da planilha, faz com que esta passe a integrar o texto.
   e) Se for necessário editar a planilha do Calc, contida no texto, posteriormente, teremos de abrir o BrOffice Calc.

8. **Julgue os quesitos a seguir e assinale a resposta *errada*.**
   a) A opção Colar Especial, contida no Menu Editar, permite Colar uma figura originária de outro aplicativo e que esteja na área de transferência. Nesse caso a figura colada poderá ocupar menos espaço que a original.
   b) A Opção Colar Especial permite copiar um trecho de outra parte do documento ou mesmo de outro documento e colá-lo no texto que esteja sendo editado, desprezando a formatação do trecho original. Um trecho copiado com formatação Negrito ou Sublinhado, por exemplo, poderá ser colado sem essas formatações.
   c) Em um texto no Writer, selecionamos uma palavra que esteja em negrito e sublinhada. Se acionarmos a combinação de teclas Ctrl+C e, em seguida, acionarmos a combinação Ctrl+Shift+V, teremos a caixa de diálogo Colar Especial aberta.
   d) Em um trecho qualquer do Writer, efetuar triplo clique com o mouse fará com que a sentença e não o parágrafo fique selecionado.
   e) O botão permite copiar um trecho do texto e aplicá-la a outro trecho.

9. **Com base na figura anterior, julgue os itens a seguir marcando V para Verdadeiro e F para Falso:**
   ( ) O texto está apresentando as marcas de formatação. Esse resultado foi obtido clicando-se no botão ¶ da Barra de Ferramentas.
   ( ) Posicionando o cursor sobre a palavra **infinito** e executando três cliques rápidos com o mouse, a frase iniciada por "Mas" e finalizada com "dure" será selecionada.
   ( ) Se o ponto de inserção for posicionado imediatamente à esquerda da palavra "Quero", e o usuário acionar duas vezes a tecla Backspace, a frase iniciada por "Quero" será posicionada imediatamente após a palavra pensamento.
   ( ) O Estilo aplicado ao texto é o estilo Padrão.
   ( ) O usuário poderá realizar a verificação ortográfica automática de todo o texto pressionando a tecla F7 ou executando um clique sobre o botão ✓.

10. **Com relação ao editor de textos BrOffice Writer, julgue os itens a seguir marcando V para Verdadeiro e F para Falso:**
    ( ) Um texto no Writer pode apresentar Cabeçalhos e Rodapés. Nessas áreas podemos inserir imagens, numeração de páginas e, até mesmo, data e hora.
    ( ) Os Cabeçalhos e Rodapés são inseridos no documento por meio das opções Cabeçalho ou Rodapé do menu Inserir da Barra de Menus do Writer.
    ( ) É possível inserir Cabeçalhos e Rodapés totalmente diferentes em partes diferentes de um mesmo documento. Até mesmo a numeração de páginas pode ser alterada, mudando-se de algarismos arábicos para romanos, por exemplo.
    ( ) Os Cabeçalhos e Rodapés são inseridos no documento por meio das opções Cabeçalho ou Rodapé do menu Exibir da Barra de Menus do Writer.
    ( ) Uma nova seção é obtida por meio do Menu Inserir – Seção.

11. **O Editor de textos Writer disponibiliza inúmeras funcionalidades para formatação de textos, busca de palavras, entre outras. Julgue os itens a seguir marcando V para Verdadeiro e F para Falso:**
    ( ) Para se localizar uma palavra em um texto no Writer é suficiente executar um duplo clique sobre a palavra a ser buscada e, em seguida, selecionar a opção Localizar e substituir do Menu Editar, complementando a busca com o botão Localizar ou Localizar todos.

( ) Um documento no Writer pode ser formatado em colunas, como nos jornais. Para conseguir esse efeito utiliza-se a opção Colunas do menu Formatar.
( ) A formatação em colunas pode ser feita após a digitação de todo o texto. Para tal, pode-se selecionar o texto pelo acionamento das teclas Control+A e, em seguida, aplicar os recursos de formatação em colunas.
( ) Para selecionarmos todo o texto no Writer, utilizamos a combinação de teclas Ctrl+T.

12. **No Writer, ao digitarmos a expressão www.rtell.com.br, ocorrerá a formatação automática para a cor azul e sublinhado.**
   Marque V para as opções certas e F para as erradas.
   a) A expressão é um hyperlink e nos remete a uma URL.
   b) Para desfazer o hyperlink, colocamos o cursor sobre ele e, com o botão direito do mouse, selecionamos a opção Formatação Padrão ou teclamos Ctrl+M.
   c) Podemos criar um hyperlink como a seguir: Clique aqui. Para isso utilizamos o botão .
   d) O botão permite enviar, por e-mail, o documento em edição.
   e) Um hyperlink não pode ser criado para o próprio documento. É necessário que o vínculo seja criado de outro arquivo.odt ou página Web.

13. **No BrOffice Writer inserimos números de páginas por meio da opção Inserir – Campos – Número de páginas. E para formatar os números em romanos ou letras selecionamos o número e utilizamos a opção:**
   a) Menu Inserir – Número de páginas – Romanos;
   b) Menu Formatar – Número de páginas – Romanos;
   c) Menu Formatar – Campos – Romanos;
   d) Menu Editar – Campos – Romanos.

14. **Julgue os quesitos a seguir sobre o uso do teclado. Marque V para Verdadeiro e F para Falso.**
   ( ) A Tecla F1 no Writer aciona a Ajuda.
   ( ) No Writer, pressionar a combinação de teclas Ctrl+T selecionará todo o texto.
   ( ) No Windows Explorer, pressionar a combinação de teclas Ctrl+A selecionará todos os arquivos da pasta.
   ( ) A tecla Backspace apaga o caractere imediatamente posterior à posição do cursor.
   ( ) Os teclados classificados pelo Windows como Português (Brasil) e ABNT2 são compatíveis com a língua portuguesa e apresentam caracteres tais como "ç", acentos etc.

15. **Com relação ao editor de textos Writer, assinale a opção Errada.**
   a) São extensões de arquivos gerados, entre outras:.odt,.ott,.doc,.xml,.txt,.html.
   b) É uma das funcionalidades do Writer exportar arquivos no formato.pdf.
   c) No Writer a combinação de teclas Ctrl+B salva o documento aberto.
   d) No Writer a combinação de teclas Ctrl+F permite Localizar e Substituir uma palavra.

16. **Assinale a resposta certa.**
    Os botões na figura a seguir representam, respectivamente:

    a) Abrir documento, Documento Novo, Salvar, Visualizar impressão, Imprimir, Verificar Ortografia;
    b) Documento Novo, Abrir documento, Salvar, Imprimir, Visualizar impressão, Verificar Ortografia;
    c) Recortar, Copiar, Colar, Pincel, Desfazer, Refazer, Inserir hiperlink;
    d) Inserir hiperlink, Barra de ferramentas Web, Tabelas e bordas, Inserir tabela, Inserir planilha do Excel, Colunas.

17. **Assinale a resposta certa.**
    Os botões apresentados na figura a seguir representam, respectivamente:

    a) Parágrafo anterior/posterior, Numeração, Marcadores, Documento Novo, Visualizar impressão, Salvar, Inserir tabela;
    b) Documento Novo, Abrir documento, Salvar, Imprimir, Visualizar impressão, Verificar Ortografia;
    c) Recortar, Copiar, Colar, Pincel, Desfazer, Inserir hiperlink, Barra de ferramentas Web, Cor de fundo;
    d) Numeração, Marcadores, Diminuir Recuo, Aumentar Recuo, Cor da fonte, Realçar, Cor do plano de fundo.

18. **Com relação ao editor de textos Writer, assinale a opção Errada.**
    a) Para salvarmos um documento com o nome diferente do atual podemos usar a combinação de teclas Ctrl+Shift+S.
    b) É possível salvar todos os documentos abertos com um único comando encontrado no Menu Arquivo, opção Salvar tudo.
    c) A opção Versões encontrada no Menu Arquivo permite salvar o documento em um novo arquivo com outro nome.
    d) Ao selecionarmos um trecho e acionarmos a combinação de teclas Ctrl+B, o trecho ficará formatado em negrito.

19. **Com relação ao Writer, assinale a opção errada.**
    a) Para inserir numeração de páginas, usamos o Menu Inserir – opção Campos – Número de páginas.
    b) Para inserir um Cabeçalho ou Rodapé, utilizamos o Menu Exibir – opção Cabeçalho/Rodapé.
    c) Para inserir um Cabeçalho ou Rodapé, utilizamos o Menu Inserir – na opção Cabeçalho ou na opção Rodapé.
    d) No menu Inserir – opção Objeto, podemos inserir fórmulas matemáticas no texto em edição.

20. Quando precisamos de numeração diferente em partes distintas do documento usamos o recurso a seguir, configurando posteriormente o tipo da numeração:
a) No menu Inserir, opção Numeração de página, alteramos o número da página.
b) No cabeçalho ou rodapé excluímos a numeração existente e digitamos a nova numeração para aquela página.
c) Clicamos no cabeçalho ou rodapé e alteramos diretamente o número.
d) Clicamos em qualquer parágrafo da página que se deseja alterar e, utilizando as opções da janela que se abre, na guia Fluxo de texto, renumeramos a página.
e) Clicamos no primeiro parágrafo da página que se deseja alterar e, utilizando as opções da janela que se abre, na guia Fluxo de texto, renumeramos a página.

21. No Writer uma das formas de se alterar a combinação de letras entre maiúsculas e minúsculas é utilizar a opção:
a) Menu Formatar – Maiúsculas e Minúsculas;
b) Menu Formatar – Alterar caixa;
c) Menu Editar – Alterar caixa;
d) Menu Editar – Maiúsculas e Minúsculas.

22. A figura a seguir apresenta uma moldura ao redor do texto.
Com relação a esse recurso assinale a opção Correta.
a) O recurso é denominado Margens superior e inferior e pode ser retirado da tela por meio do Menu Arquivo – Configurações de impressora.
b) O recurso é denominado Réguas superior e inferior e pode ser retirado da tela por meio do Menu Exibir – Régua.
c) O recurso é denominado Margens superior e inferior e pode ser retirado da tela por meio do Menu Arquivo Configurar página.
d) O recurso é denominado Limites do texto e pode ser retirado da tela por meio do Menu Exibir – opção Limites do texto.

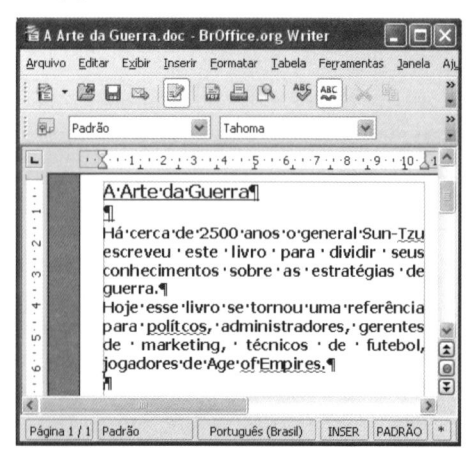

GABARITO
1.	E	7.	E	13.	D	18.	C
2.	B	8.	E	14.	V;F;V;F;V	19.	B
3.	D	9.	F;V;V;V;F	15.	C	20.	E
4.	D	10.	V;V;V;F;V	16.	C	21.	B
5.	D	11.	V;V;V;F	17.	D	22.	D
6.	D	12.	V;V;V;V;F				

O Calc, uma planilha eletrônica

No capítulo anterior, estudamos o BrOffice.org Writer. Como vimos, ele faz parte de um pacote de aplicativos essenciais a qualquer escritório. E, sendo *freeware*, torna-se muito mais atraente. Agora, continuaremos nosso estudo desse pacote com um software fundamental à vida de qualquer empresa: o Calc.

O CALC, O QUE É?

Você já jogou Batalha Naval? Não? Vale a pena experimentar (depois do concurso, claro!). Se já jogou, então você já sabe usar o Calc. A idéia é a mesma. Ah, você já conhece o Excel, da Microsoft? Melhor ainda. É quase igual.

O Calc é uma planilha eletrônica que, resumindo, é uma imensa folha de papel quadriculada na qual são lançados valores e fórmulas e são feitos cálculos. É muito usado para montar folhas de pagamento de empresas, notas de alunos em colégios, controle de orçamentos e muito mais.

COMO ESTUDAREMOS O CALC

A base do nosso estudo será o Writer, visto anteriormente. Isso porque a parte de edição de textos do Writer é basicamente igual no Calc. Assim, focaremos nosso estudo naquilo que ainda não vimos, ou seja, a parte voltada para os cálculos, que, na verdade, são o nosso grande interesse agora. É claro que ressaltaremos as principais diferenças que normalmente nos surpreendem durante a resolução de questões.

QUE TIPOS DE ARQUIVOS O CALC PODE PRODUZIR?

O Calc pode produzir diversos tipos de arquivos. Os principais são:

👁 Tipo de arquivo	Extensão	Características
Planilha	.ods	É o padrão do Calc. É gerado automaticamente quando salvamos um documento.
Página da Web	.htm ou .html	O Calc pode criar páginas para a Internet (Web). HTML é uma expressão inglesa – HyperText Markup Language – que significa Linguagem de Marcação de Hipertexto. É uma linguagem utilizada para produzir páginas na Web. É por meio da linguagem HTML que aparecem os links na Internet, representados pelas conhecidas "mãozinhas".
Modelo do documento	.ots	Quando precisamos de um modelo para utilizarmos várias vezes, criamos um documento normalmente e o salvamos como .ots.
Planilha do MS Excel	.xls	O Calc pode salvar arquivos no formato do Excel.

COMO O CALC ORGANIZA O SEU TRABALHO?

Façamos uma analogia com o seu dia a dia. Com certeza, você tem uma pasta (ou mais de uma) na qual arquiva seus documentos, contas a pagar, recibos, notas fiscais, contas pagas etc. Ah, não tem? Então comece a pensar em deixar de ser "bagunçado". É só o seu provedor cortar seu acesso à Internet ou à sua TV a cabo por falta de pagamento de uma conta que você já pagou para descobrir para que serve guardar tudo organizado...

Pois é assim que o Calc trabalha. Quando o abrimos, ele cria uma pasta e, dentro dela, criamos planilhas.

> 👁 O termo Pasta foi utilizado aqui como analogia ao Excel. Na verdade, o Calc não usa o nome Pasta, e sim Planilha. Logo, podemos entender que o Calc abre uma Planilha que contém Planilhas. Mas não se assuste nem fique com saudosismos. No fundo é tudo a mesma coisa.

Imagine o exemplo a seguir. Você quer organizar suas finanças. Crie, então, uma **Planilha** com o nome **Orçamento doméstico**. Dentro dessa **Planilha**, crie as planilhas: **Recebimentos** (para o dinheiro que entra); **Despesas do mês** (alimentação, lazer etc.); **Contas a pagar** (essa todo mundo conhece); **Despesas com o carro** (combustível, manutenção, salário do motorista?!!) e quantas planilhas a mais você precisar. E ainda pode criar uma planilha final com um nome do tipo **Resumo** na qual aparecerão os saldos do mês (positivos ou negativos...)

A ÁREA DE TRABALHO DO CALC

Passemos a identificar os principais componentes da Área de Trabalho.

Inicialmente, note que estamos trabalhando na Planilha Sem título1 (veja a Barra de Títulos) e que temos três planilhas: Planilha1, Planilha2, Planilha3.

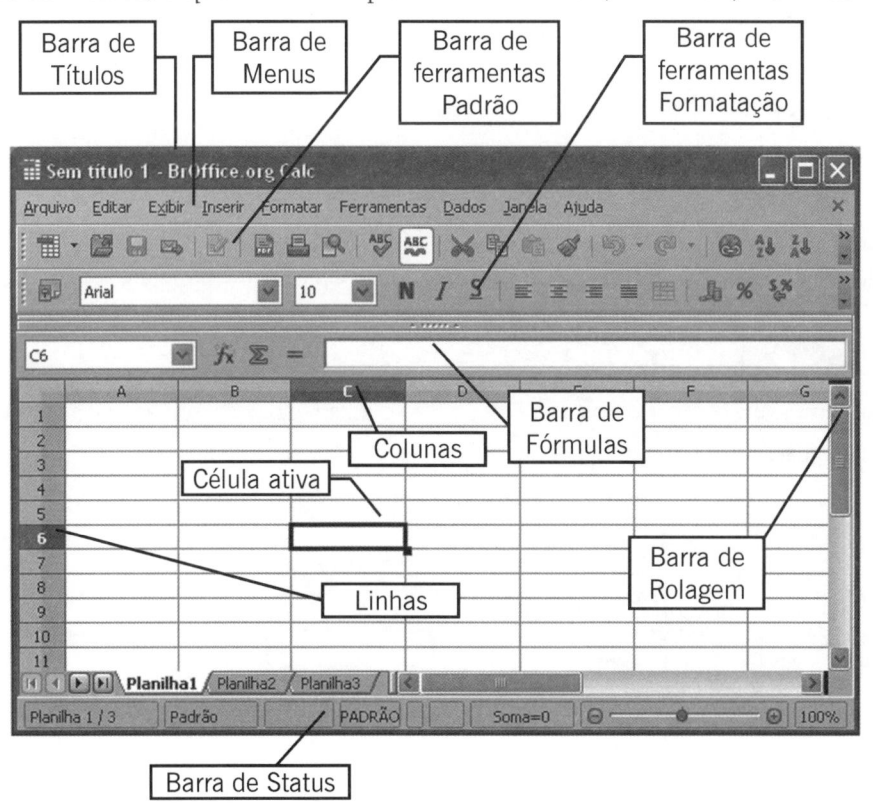

Observando a área de trabalho do Calc, notamos que ele trabalha com **colunas** e **linhas**. E, na interseção destas, temos a **célula**. Aliás, a primeira coisa que devemos olhar ao vermos uma tela do Calc é qual célula está **selecionada**. Esta se chama **célula ativa**. No nosso exemplo é a célula **C6**. Note também que o endereço da célula ativa está escrito na **caixa de nome** no alto à esquerda. Explicando: endereço é composto pela letra da coluna seguido do número da linha.

A área de trabalho possui **1024 colunas** e **65536 linhas**. As colunas, por padrão, têm seu cabeçalho em letras de **A** até **AMJ**.

❓ EXERCÍCIOS DE FIXAÇÃO

a) Quantas linhas e colunas possui uma planilha do Calc?
b) Quais são as letras da última coluna do Calc? O que é célula ativa?
c) Uma planilha do Calc inicialmente se apresenta com três planilhas. Certo ou errado?

Lembre-se: Os exercícios de fixação não têm gabarito! Em caso de dúvida, volte e releia o assunto.

SELECIONANDO CÉLULAS NO CALC

Iniciaremos nosso estudo verificando como se selecionam células no Calc e como se coloca uma célula na condição de célula ativa.

Abra o seu Calc para acompanhar os passos a seguir.

Ativando uma célula

Clique com o mouse sobre a célula B2. Ela se tornará a célula ativa. Observe o endereço na caixa de nome.

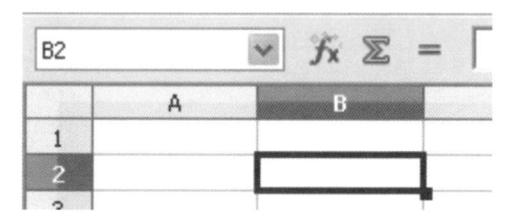

Selecionando células adjacentes – Métodos 1 e 2

Clique sobre a célula A2 e, sem soltar, arraste até a célula B4. Ficarão selecionadas de **A2 até B4**.

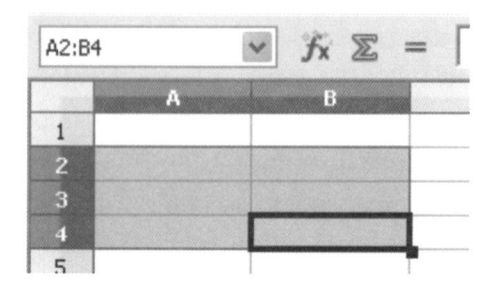

Também podemos usar a tecla **Shift + Setas** do teclado para selecionarmos um intervalo.

Dica: *Ao selecionar um intervalo, representamos, de forma escrita, assim:* (A2:B4), *conforme se vê na caixa de nome.*

Selecionando células adjacentes – Método 3

Clique sobre a célula A2. Em seguida, pressione a tecla **Shift** e, sem soltar, clique em B5. O intervalo de A2 até B5 ficará selecionado. Esse método serve para selecionar grandes intervalos, uma linha ou uma coluna.

Selecionando células não adjacentes

Clique sobre a célula A2. Em seguida, pressione a tecla Ctrl e clique em B4. Novamente pressione Ctrl e clique em A6. Ficarão selecionadas A2, B4 e A6.

Dica: Quando selecionamos células não adjacentes, representamos, de forma escrita, assim: (A2;B4;A6). Note que na caixa de nome aparece o endereço da última célula clicada.

Selecionando uma coluna

Clique sobre o rótulo da coluna (a letra B). Toda a coluna ficará selecionada. A caixa de nome indica que toda a coluna ficou selecionada. (B1:B65536)

Selecionando uma linha ou toda a planilha

Clique sobre o rótulo da linha (o número 4). Toda a linha ficará selecionada.

E, se clicarmos no quadrado apontado pela seta, selecionaremos toda a planilha, que é o mesmo que pressionar Ctrl+A.

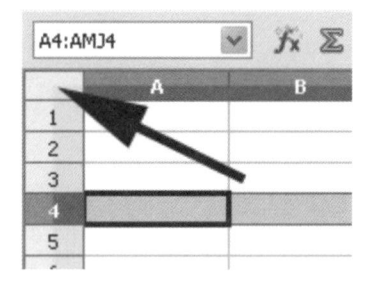

Um importante efeito da seleção: cálculos automáticos na Barra de Status.

Quando selecionamos várias células, independentemente se seus valores são texto, moeda, número ou percentual, **por padrão**, o Calc soma **apenas os valores numéricos**, despreza os demais e apresenta o somatório na Barra de Status. Mas, se desejarmos outras informações que não a soma, clicamos com o botão direito na Barra de Status e teremos um menu (veja figura) com outras opções de cálculos automáticos.

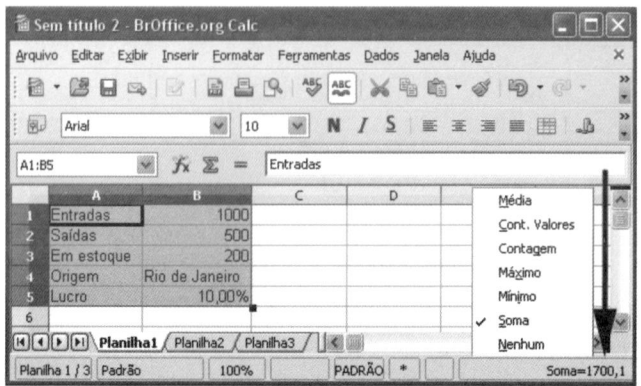

Na figura anterior foram somados os valores:

R$ 1000,00 + R$ 500,00 + 200 + 10%, lembrando que 10% é igual a 0,10.

Daí o resultado final: 1700,1. Repare que não temos mais símbolo de moeda ou percentual; temos apenas um número puro.

Agora experimente este exemplo com as outras opções como a Média, o Máximo, o Mínimo etc.

ALTERANDO A LARGURA DAS COLUNAS E LINHAS

Na figura a seguir temos uma célula com um símbolo estranho #########, chamado **cerquilhas**. Isso ocorre quando um número muito grande não cabe na célula. Para corrigir, basta efetuar um duplo clique com o mouse sobre a divisão entre os dois rótulos de coluna. Ao posicionar o cursor ali, este tomará a forma de uma seta dupla, a coluna se abrirá e mostrará o número completo. É também possível alargar a coluna clicando e arrastando o mouse. O efeito será o mesmo.

E esse mesmo procedimento vale para aumentar a altura de uma linha.

Dica: Quando queremos saber o valor de uma célula ou sua fórmula, basta clicar sobre a célula.

Note que a Barra de Fórmulas está apresentando o valor 2000000000, que é o valor da célula, representado pelas cerquilhas.

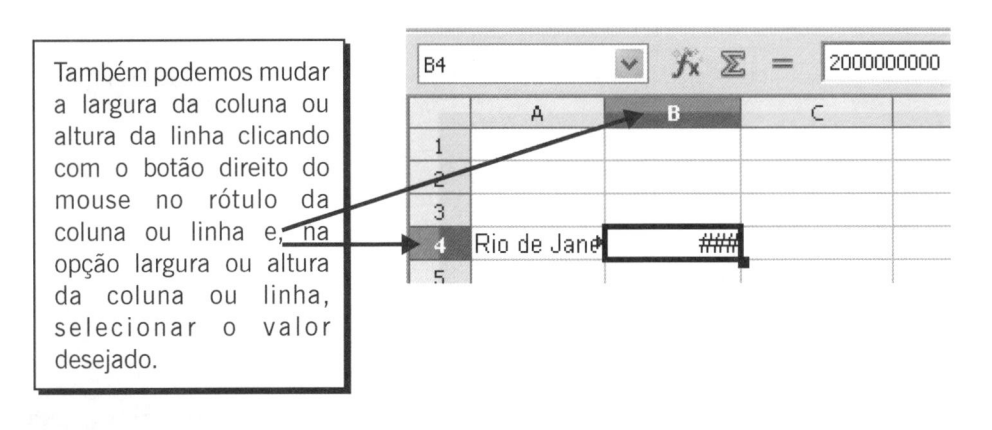

Também podemos mudar a largura da coluna ou altura da linha clicando com o botão direito do mouse no rótulo da coluna ou linha e, na opção largura ou altura da coluna ou linha, selecionar o valor desejado.

👁 Outra pequena diferença em relação ao Excel. Note que a expressão Rio de Janeiro não está cabendo na coluna. Aqui, no Calc, aparece uma pequena setinha na cor vermelha indicando isso. Logo, se temos essa pequena seta já sabemos que o texto é maior que o que se pode ler.

INSERINDO, EXCLUINDO, RENOMEANDO, MOVENDO E COPIANDO PLANILHAS

Para inserir, excluir, renomear, mover ou copiar planilhas, clique com o botão direito do mouse sobre a guia de planilhas. No menu que se abre, selecione a opção desejada. A opção Mover ou Copiar abre uma janela na qual podemos mover uma planilha para a posição desejada ou mesmo criar uma cópia.

Dica: Você pode renomear uma planilha apenas efetuando um duplo clique sobre sua guia e digitando o novo nome. E, para mudá-la de posição, basta clicar sobre ela e arrastá-la para a posição desejada.

Nas figuras a seguir temos a tela Inserir Planilha. Observe que o Calc permite inserir até 253 planilhas, que, somadas com o padrão 3, dá um total de 256.

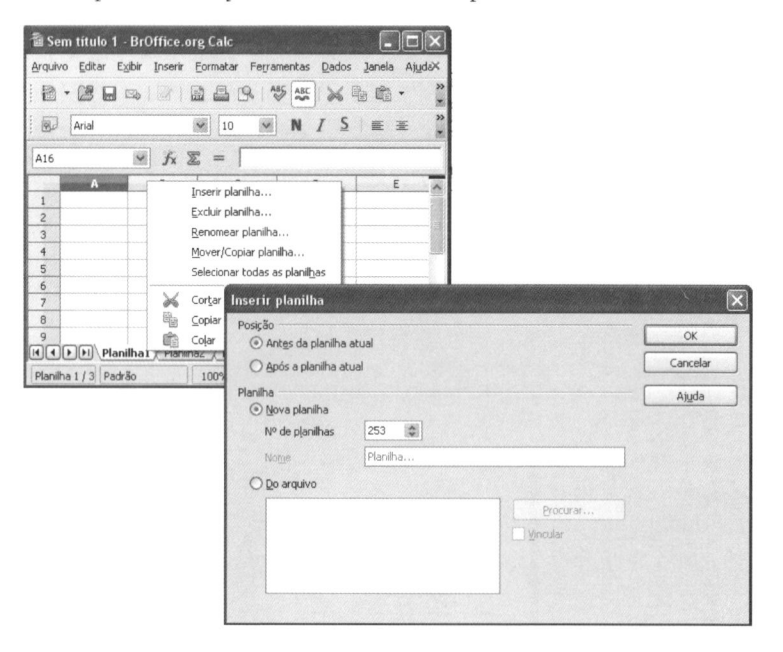

EDITANDO UMA CÉLULA

Uma célula pode conter diversos tipos de valores como: texto, número, data e fórmula. Para editar uma célula, o primeiro passo é selecioná-la. E lembre-se do que já vimos no Writer: os botões **recortar**, **copiar**, **colar (e suas teclas de atalho)** bem como os botões de **alinhamento** funcionam nas células da mesma forma que no texto no Writer.

Após selecioná-la, adicione o conteúdo da mesma forma que no Writer. Quando o texto é maior que a largura da célula e a célula vizinha está vazia, este invade a célula ao lado.

Se a célula vizinha não estiver vazia, não haverá a invasão; a palavra será cortada e surgirá a pequena seta vermelha à qual já nos referimos.

Para conseguir várias linhas na mesma célula, **não** usamos a tecla Enter (como no Writer) mas, sim, a combinação **Control + Enter**.

Também podemos ter o efeito mostrado (várias linhas na célula) por dois caminhos que nos levam à janela ao lado:

Menu Formatar – Células ou clique na célula com o botão direito do mouse e selecione **Formatar células**.

Na caixa de diálogo abaixo, marque **Quebra automática de texto**.

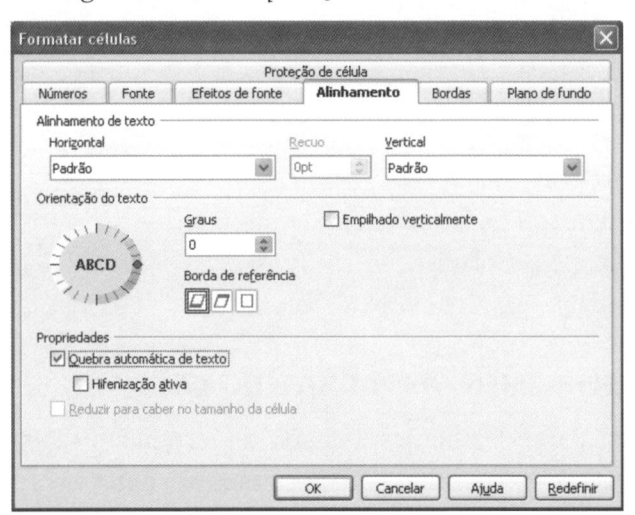

Observe que nessa caixa de diálogo ainda é possível:

Mudar a orientação do texto ("escrever em pé"). Coloque o ponteiro do botão ABCD na figura a 90 graus.

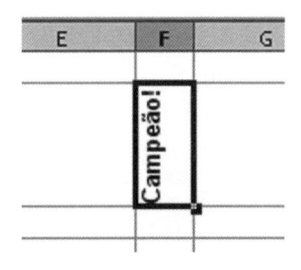

Alterando dados digitados

A alteração dos dados digitados pode ser feita de duas maneiras:

Por sobreposição – Selecione a célula que será alterada, digite os novos dados e depois confirme pressionando Enter.

Por correção parcial – Selecione a célula a ser corrigida e posicione o cursor dentro dela com um duplo clique ou usando a tecla F2.

Excluindo Dados Digitados – Selecione a célula ou o intervalo de células que terá seu conteúdo excluído e utilize uma das opções:

❑ Utilizando o Menu Editar: opções Cortar ou Excluir conteúdo.
❑ Através do Menu Rápido (botão direito do mouse).
❑ Através da tecla Del ou Delete no teclado.

Copiando e colando dados

Para copiarmos uma célula ou intervalo de células, selecionamos a célula ou intervalo e usamos uma das opções:

❑ Menu Editar, comando Copiar.
❑ Botão Copiar na Barra de ferramentas Padrão.
❑ Menu Rápido, comando Copiar.
❑ Combinação das teclas Ctrl+C no teclado.

Para colar a cópia efetuada, selecione a nova célula e utilize o comando Colar utilizando:

❑ Menu Editar, opção Colar.
❑ Botão Colar na Barra de ferramentas Padrão.
❑ Menu Rápido opção Colar.
❑ Combinação das teclas Ctrl+V no teclado.

A BARRA DE FERRAMENTAS PADRÃO DO CALC

A maior parte dos botões da Barra de ferramentas Padrão do Calc já foi estudada no Writer. Aqui, veremos apenas os botões específicos do Calc.

Abra o seu Calc, localize a Barra de ferramentas Padrão e identifique os botões a seguir.

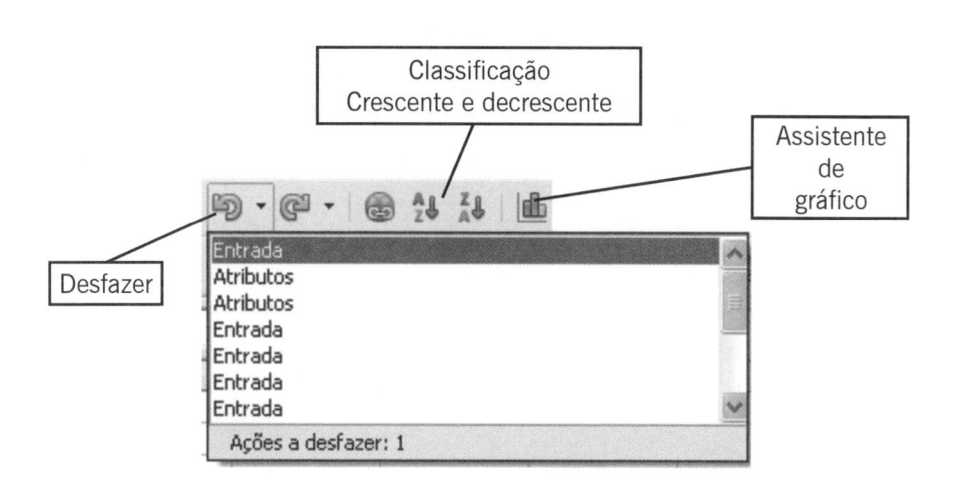

Calma! Já sei que você, especialista em Excel, está pensando: *"Cadê a AutoSoma?"*. Você já prestou atenção à Barra de Fórmulas? No lado esquerdo, junto ao sinal de igual, lá está a nossa querida AutoSoma. Só que aqui seu nome é só **Soma**. É claro que ela não poderia faltar à "nossa festa" aqui no BrOffice.org Calc, claro!

Funções dos botões

Chegamos a um dos pontos mais importantes. E você deverá ir experimentando cada botão com base na explicação e usando as teclas de atalho quando for o caso.

Desfazer – Começamos por este botão por causa de uma "pegadinha" escondida. Você que estudou Excel sabe que lá, se salvarmos uma planilha, a opção Desfazer será desabilitada.

Aqui é diferente! No Calc, podemos salvar a planilha e, mesmo assim, a opção Desfazer permanece ativa. Porém, se você fechar o documento, a lista de opções da opção Desfazer será perdida.

Teclas de atalho: Ctrl+Z

Refazer – Ao lado do botão Desfazer temos o Refazer. Vale lembrar as teclas de atalho.

Teclas de atalho: Ctrl+Y

Classificação em ordem crescente – Observe a planilha ao lado. Selecionando a **célula** B1 e clicando em **Classificar em ordem crescente** serão ordenadas as duas colunas, ou seja, B e C. A relação de valores não será alterada. Veja o resultado logo a seguir.

	A	B	C
1		Reynaldo	R$ 900,00
2		Valéria	R$ 1.000,00
3		Rodrigo	R$ 500,00
4		Marjorie	R$ 700,00

	A	B	C
1		Marjorie	R$ 700,00
2		Reynaldo	R$ 900,00
3		Rodrigo	R$ 500,00
4		Valéria	R$ 1.000,00

Agora observe a figura a seguir. Quando selecionamos a **coluna** (clicando no seu rótulo) e clicamos no botão **Classificar em ordem crescente**, o Calc desordena a relação entre os dados.

Portanto, para classificar os dados sem perder a relação entre eles, não devemos clicar em um único rótulo, mas sim selecionar as colunas que desejamos classificar.

Aqui cometemos o erro de clicar no rótulo da coluna B e classificamos. Note que os dados se desordenaram.

	A	B	C
1		Marjorie	R$ 900,00
2		Reynaldo	R$ 1.000,00
3		Rodrigo	R$ 500,00
4		Valéria	R$ 700,00

Aqui fizemos o certo. Selecionamos as colunas A e B e classificamos. Agora deu certo!

	A	B	C
1		Marjorie	R$ 700,00
2		Reynaldo	R$ 900,00
3		Rodrigo	R$ 500,00
4		Valéria	R$ 1.000,00

Classificação em ordem decrescente – Tudo o que foi dito anteriormente se aplica à Classificação em ordem decrescente.

Não fique aí parado! Experimente você mesmo!

Soma – Esse é um botão de grande importância. Sua função é somar colunas ou linhas. E não se esqueça de que este botão está na Barra de Fórmulas.

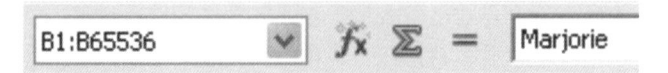

| B1:B65536 | ✓ | f_x Σ = | Marjorie |

Colocamos o cursor na célula B6 (onde desejamos o resultado) e pressionamos o botão Soma. O Calc selecionará a coluna e fará a soma automática colocando o resultado. Nesse caso, o resultado será 14.

	A	B
1		
2		5
3		2
4		5
5		2
6		=SOMA(B2:B5)

Se na coluna houver uma célula em branco ou com um texto (ou letra), a soma se interrompe no último valor numérico. Nesse caso, o resultado será 7.

	A	B
1		
2		5
3		
4		5
5		2
6		=SOMA(B4:B5)

Não há problemas em selecionar a célula B8 para o resultado (já que a B6 e B7 estão vazias). O Calc é "esperto". Ele vai "subindo" até encontrar o que somar, e, então, começa a contagem. Mas, se depois encontra uma célula vazia, ele para de somar. Nesse caso, o resultado será 7.

	A	B
1		
2		5
3		
4		5
5		2
6		
7		
8		=SOMA(B4:B7)

O mesmo raciocínio é aplicado quando usamos a Soma em linhas. Porém, lembre-se: se temos, ao mesmo tempo, uma linha e uma coluna para efetuar a Soma, o Calc dará prioridade à coluna acima.

Assistente de gráfico – O Assistente de gráfico é uma poderosa ferramenta que nos orienta na criação dos diferentes tipos de gráficos.

São necessárias quatro etapas para a conclusão de um gráfico.

Para utilizá-lo é necessário que se tenha um conjunto de células com valores. Após selecioná-las seguimos os passos até a conclusão do gráfico.

Tipos de gráfico

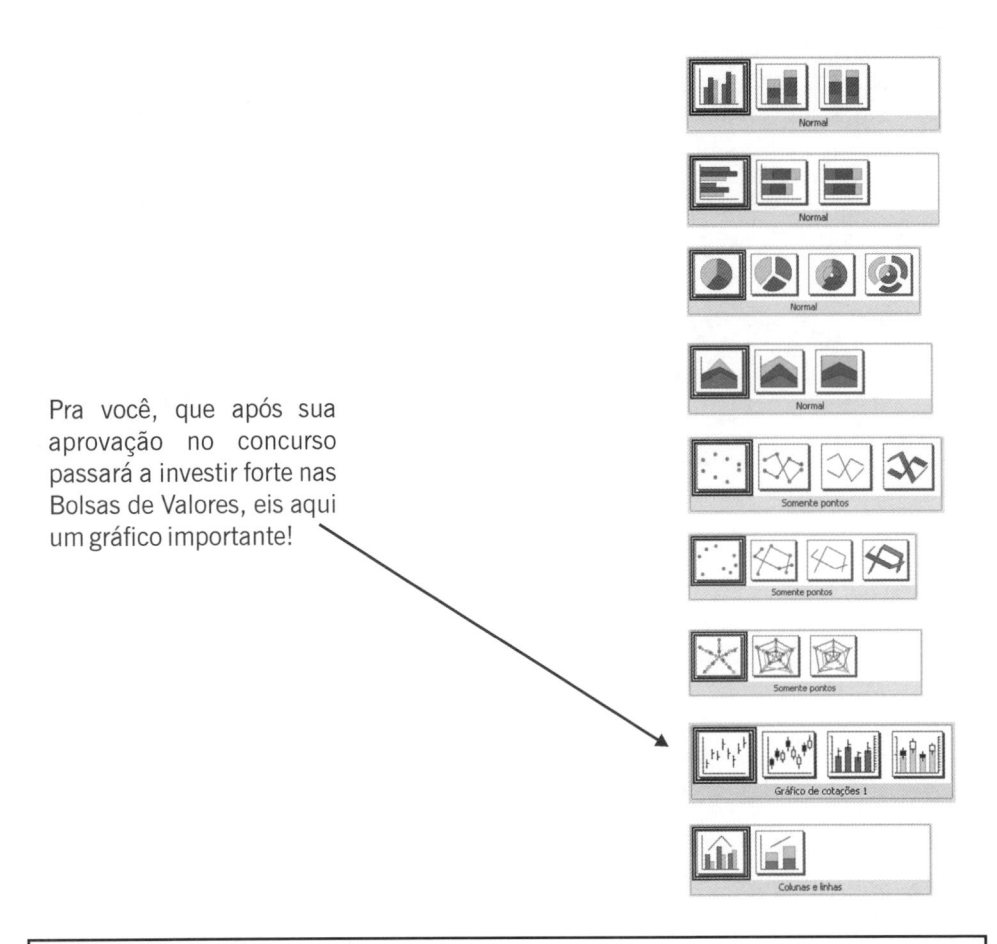

Pra você, que após sua aprovação no concurso passará a investir forte nas Bolsas de Valores, eis aqui um gráfico importante!

> Criado o gráfico, este se comportará como uma figura, podendo ser movido, recortado e copiado.
> E o mais importante: ele é dinâmico, o que significa que, se você mudar os valores na planilha, o gráfico mudará automaticamente.

A BARRA DE FERRAMENTAS FORMATAÇÃO DO CALC

Assim como fizemos ao estudar a Barra de ferramentas Padrão, visando os pontos ainda não conhecidos, aqui abordaremos apenas os botões típicos do Calc.

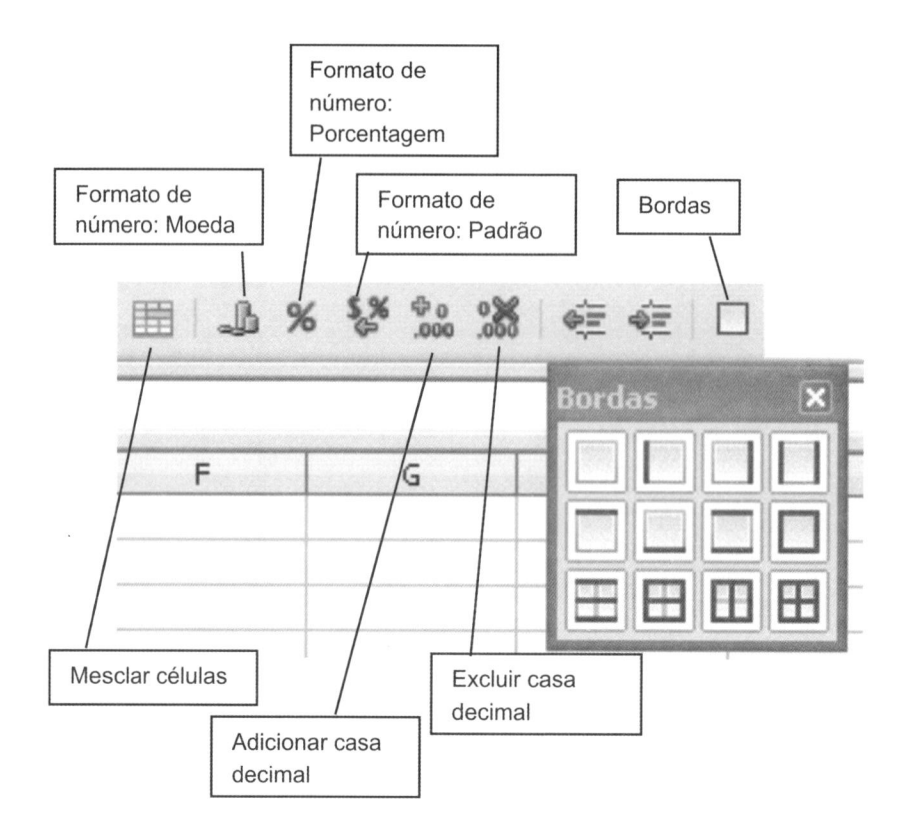

Mesclar células – Esta operação transforma as células selecionadas em uma única célula.

Observe ao lado a seleção das células de B3 até D4 e, na figura seguinte, as células já mescladas.

Mas atenção: somente **células adjacentes** podem ser mescladas.

Observe também que, após mesclarmos, a célula ativa passa a ser sempre a que estiver mais no alto à esquerda – no caso B3.

Para desfazer a mesclagem, basta clicar na célula mesclada e clicar no botão Mesclar.

Quando tentamos mesclar células contendo dados, o Calc pergunta se desejamos mover o conteúdo das células para a primeira célula (valor da célula superior esquerdo).

Respondendo **Sim**, todos os valores serão agrupados na célula. Note como ficou o valor de B3 na Barra de Fórmulas.

Respondendo **Não**, será considerado apenas o valor da célula mais à esquerda e em cima.

> **Muita atenção:** Quando estudamos o Writer, dissemos que a operação de mesclar células era diferente no Calc. Aqui está a diferença: enquanto, no Writer, os valores permanecem todos empilhados, aqui depende da opção do usuário.

Formato de número: moeda – Se uma célula, coluna ou linha contendo valores for selecionada, os valores tomarão o formato de moeda.

Formato de número: porcentagem – Quando selecionamos uma célula com valor e clicamos no botão estilo de porcentagem, o Calc apresenta aquele valor sob a forma percentual. Veja alguns exemplos:

0,1	se transforma em	10,00%
12	se transforma em	1200,00%
150	se transforma em	15000,00%
21,3	se transforma em	2130,00%

Ficou feia a coisa?! Já esqueceu, é? Então vamos ao "macete". Não raciocine! Simplesmente multiplique o valor por 100 (coloque ,00 depois) e coloque o % na frente. E pronto!

Formato de número: padrão – Retira a formatação

10,00%	se transforma em	0,1
25,00%	se transforma em	0,25
R$ 45,00	se transforma em	45

Essa foi "mole", né? Então, aguarde para ver a próxima. É umas das "top" de todo concurso.

Adicionar e excluir casas decimais – O problema aqui começa em decorar qual dos botões aumenta (adiciona) e qual diminui (exclui). Todas as vezes que perguntei isso em sala de aula, metade da turma respondeu uma coisa e a outra metade respondeu exatamente o contrário. E você, sabe?

Qual deles aumenta? Qual diminui?

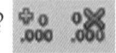

Para nunca mais errar, vai outro "macete". Apenas olhe para os sinais de **+** e **x**. O sinal de **+** indica que vai aumentar; o sinal de **x** indica que vai diminuir.

Agora vamos à matemática da coisa. Considere o valor 1,689, que tem 3 casas decimais. Agora observe o que acontece ao clicarmos no botão Diminuir casas decimais. Observe que o número vai sendo arredondado pelo Calc à medida que as casas diminuem.

1,689	clicando uma vez no botão Excluir	1,69
	clicando duas vezes no botão Excluir	1,7
	clicando três vezes no botão Excluir	2

Agora, a grande "pegadinha". Apesar de o número estar diminuindo suas casas decimais e sendo arredondado, o valor real continua sempre o mesmo, ou seja, 1,689. Observe na figura a seguir que a célula ativa – A1 – apresenta o valor 2, mas na Barra de fórmulas está o valor real – 1,689.

Dica: Quando chegamos ao número inteiro, no caso o 2, não há como diminuir mais as casas decimais porque número inteiro não tem casas decimais, claro!

Agora façamos o caminho inverso, começando do número 2 (sem esquecer que seu valor real é 1,689).

2	clicando uma vez no botão Adicionar	1,7	Valor real 1,689
	clicando duas vezes no botão Adicionar	1,69	Valor real 1,689
	clicando três vezes no botão Adicionar	1,689	Valor real 1,689

Agora experimente digitar em uma célula um valor qualquer, inteiro. Por exemplo, 5.

5	clicando uma vez no botão Excluir	5
	clicando uma vez no botão Adicionar	5,0
	clicando duas vezes no botão Adicionar	5,00

Por que não diminuiu? Por que não arredondou? Porque era um número inteiro, não tinha casas decimais.

Bordas – Coloca bordas internas ou externas na planilha. Selecionamos as células em que serão inseridas as bordas e, quando este botão é acionado, são apresentadas as opções. Veja:

O resultado será a aplicação do tipo de bordas selecionado.

❓ EXERCÍCIOS DE FIXAÇÃO

a) Como se transforma uma célula em célula ativa?
b) Quais são os métodos para selecionar células adjacentes?
c) Como selecionamos células não adjacentes?
d) Considerando que as células A1, A2, A3, A4 e A5 contêm, respectivamente, os seguintes valores R$ 10,00, Casa, 10%, 0,10 e 10, ao selecionarmos as células de A1 até A5, que valor surgirá na barra de status do Calc?
e) Como fazer para copiar uma planilha? E para copiá-la para outra posição?
f) Como digitar duas linhas em uma mesma célula?
g) É possível digitar dados em uma célula na vertical? Como?
h) Existe algum gráfico destinado a analisar o comportamento de ações em Bolsa de Valores?
i) Nas células A2, B2 e C2, respectivamente, temos os valores 5 – 4 – 3. E nas células A3, B3 e C3, respectivamente, temos os valores A – B – C. Mesclando as células de A2 até C3, que valores podem permanecer na célula mesclada em função da opção do usuário?
j) Considere o valor 2,678 na célula A5. Selecione a célula e efetue dois cliques no botão Excluir casas decimais. Que valor se apresentará na célula e qual será o valor real, apresentado na Barra de Fórmulas?
k) Considere o valor 2,67 na célula C7. Selecione a célula e efetue um clique no botão Porcentagem. Que resultado será mostrado na célula?

Lembre-se: Os exercícios de fixação não têm gabarito! Em caso de dúvida, volte e releia o assunto.

FORMATANDO CÉLULAS – ESTILOS E FORMATAÇÃO E FORMATAÇÃO CONDICIONAL

Teclas de atalho: F11

Já vimos anteriormente algumas maneiras de formatar células, colocar bordas e cores. Aqui veremos dois recursos importantes e de grande utilidade.

Abra o seu Calc e acione o Menu Formatar. Trabalharemos com as opções Estilos e Formatação e Formatação Condicional.

Estilos e Formatação

Aqui estamos falando apenas da aparência do trabalho, ou seja, do layout da planilha.

Selecione a planilha e escolha um layout apropriado, dentre os existentes. Caso deseje, é possível formatar células ao seu próprio gosto, selecioná-las e, a partir dessa seleção, criar um novo estilo, salvando-o com um nome qualquer. No exemplo, criei um estilo Teste.

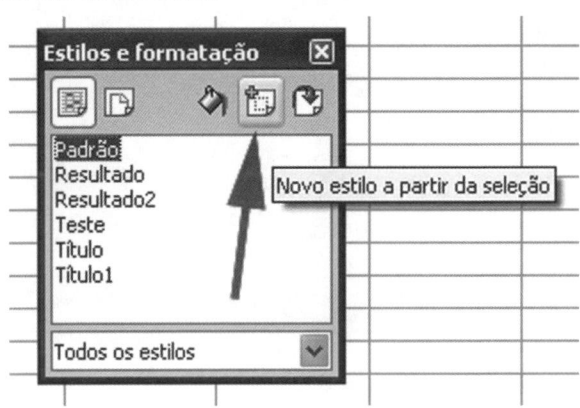

Formatação Condicional

Para entendermos o que é Formatação Condicional, imaginemos que você trabalhe na secretaria de um colégio. Todo mês, precisa fazer uma planilha com os nomes e as notas dos alunos. O diretor do colégio deseja que as notas acima de 5,0 sejam escritas em azul/negrito; notas entre 4,0 e 4,99 ficam em marrom/itálico; notas menores que 4,0 deverão ficar em vermelho sublinhado.

É para isso que serve a Formatação Condicional.

	A	B
1	Aluno	Nota
2	Álvaro	5,4
3	Tereza	4,2
4	Regina	7
5	Reynaldo	10
6	Marcos	3,5
7	Anderson	2,7
8	Ilze	4,9

Como fazer?

Primeiramente, crie a tabela com os valores e, em seguida, selecione as notas. Agora, clique no Menu Formatar – Opção Formatação Condicional.

Teremos a tela a seguir.

No nosso exemplo, o diretor impôs três condições. Aliás, esse é o máximo que podemos criar. Note, no menu, que as possibilidades de comparações de valores já estão prontas. É só escolher. E para definir o formato que usaremos para cada condição criada, selecionamos o Estilo da célula no menu.

Você que, com certeza, está seguindo os passos e fazendo este exercício junto comigo (está mesmo?) já percebeu que no seu menu Estilo da célula não existem as opções Aprovado, Reprovado e Recuperação. Pois foi por isso que vimos como criar um estilo a partir da seleção logo antes desse item.

Logo, aí vai um exercício. Crie três estilos:
- Um azul, em negrito, com o nome de Aprovado.
- Outro marrom, em itálico, com o nome Recuperação.
- O último vermelho, sublinhado, com o nome Reprovado.

Dica: Como, até o momento, nunca vi concurso com prova a cores, será normal que uma pergunta sobre Formatação Condicional escolha como formato apenas tipos de sublinhado, tipo de fonte e estilo da fonte. Afinal, é só isso que é possível ver em preto e branco.

AS LISTAS DE CLASSIFICAÇÃO DO CALC – PREENCHIMENTO AUTOMÁTICO DE DADOS

O diretor do seu colégio adorou o seu trabalho com a Formatação Condicional. Parabéns! Seu emprego está garantido (e mais trabalho também...). Agora ele lhe deu outra tarefa. Fazer um calendário do primeiro semestre deste ano (e depois ele vai mandar fazer dos próximos quatro anos...). Só que ele quer a data e o dia da semana ao lado. E não adianta, ele não quer calendário comprado na banca de jornal – quer em uma planilha do Calc!

	A	B	C	D	E	F	G	H
1	Jan	Dia da semana	Fev	Dia da semana	Mar	Dia da semana	Abr	Dia da semana
2	01/Jan	Ter	01/Fev	Sáb	01/Mar	Sáb	01/Abr	Ter
3	02/Jan	Qua	02/Fev	Dom	02/Mar	Dom	02/Abr	Qua
4	03/Jan	Qui	03/Fev	Seg	03/Mar	Seg	03/Abr	Qui
5	04/Jan	Sex	04/Fev	Ter	04/Mar	Ter	04/Abr	Sex
6	05/Jan	Sáb	05/Fev	Qua	05/Mar	Qua	05/Abr	Sáb
7	06/Jan	Dom	06/Fev	Qui	06/Mar	Qui	06/Abr	Dom
8	07/Jan	Seg	07/Fev	Sex	07/Mar	Sex	07/Abr	Seg
9	08/Jan	Ter	08/Fev	Sáb	08/Mar	Sáb	08/Abr	Ter
10	09/Jan	Qua	09/Fev	Dom	09/Mar	Dom	09/Abr	Qua
11	10/Jan	Qui	10/Fev	Seg	10/Mar	Seg	10/Abr	Qui
12	11/Jan	Sex	11/Fev	Ter	11/Mar	Ter	11/Abr	Sex
13	12/Jan	Sáb	12/Fev	Qua	12/Mar	Qua	12/Abr	Sáb
14	13/Jan	Dom	13/Fev	Qui	13/Mar	Qui	13/Abr	Dom
15	14/Jan	Seg	14/Fev	Sex	14/Mar	Sex	14/Abr	Seg
16	15/Jan	Ter	15/Fev	Sáb	15/Mar	Sáb	15/Abr	Ter

Será que você vai precisar copiar do calendário todas essas datas? E ainda ver o dia de semana?

Graças aos céus, não! (e ao BrOffice.org Calc também.)

As Listas de classificação do Calc são um recurso poderoso para aumentar a produtividade. O Calc tem gravada uma série de sequências prontas para facilitar o nosso trabalho. E ainda podemos criar nossas próprias listas.

Inicie selecionando no Menu Ferramentas o item Opções. A seguir selecione na opção BrOffice.org Calc o item Listas de Classificação.

Note que aqui temos as sequências dos meses e dias de semana, abreviados e por extenso. E clicando no botão **Novo** podemos adicionar itens de uma lista nossa. Basta ir digitando no Painel Entradas, teclando Enter e, ao final, clicar no botão **Adicionar**.

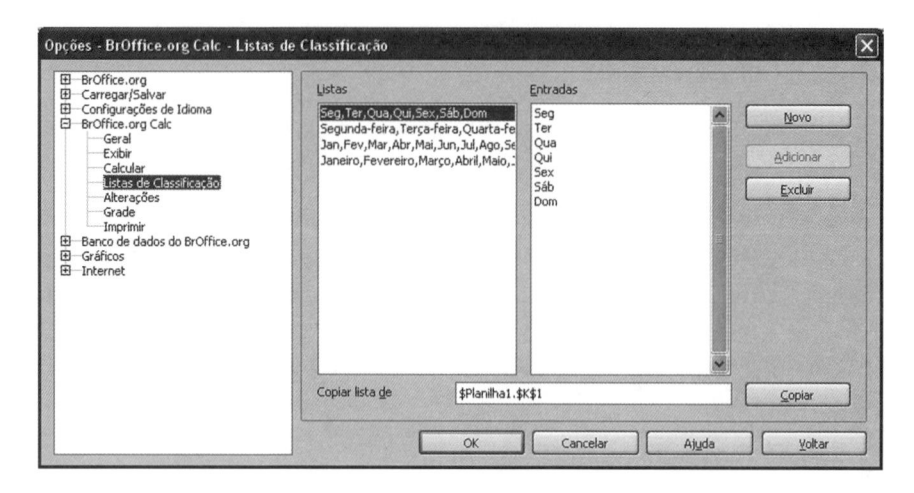

USANDO AS LISTAS

Todas as sequências mostradas foram feitas da mesma forma. Nas células da linha 2, digitei o primeiro valor. Em seguida, cliquei e arrastei a **alça de preenchimento** (aquele quadradinho à direita e embaixo da célula) até a linha 8. O Calc fez o resto.

Dica: Esta imagem é um exemplo apenas. Fiz uma coluna de cada vez.

Listas com números – Neste caso lançamos o número 1 e puxamos a alça de preenchimento. O resultado foi uma sequência de 1 a 7. Para fazermos uma série – por exemplo, uma progressão aritmética 1,3,5,7,9; 2,4,6,8,10; 3,6,9,12,15 etc. –, digitamos os dois valores iniciais da série, selecionamos as duas células e puxamos pela alça de preenchimento.

Listas com datas – Note que o Calc faz as sequências de datas automaticamente. E, como já vimos, também temos as listas com as datas não abreviadas.

AS FUNÇÕES E FÓRMULAS NO CALC

A primeira coisa aqui é saber se você gosta ou não de matemática. Gosta? Odeia? Tanto faz! Não se apavore. O Calc não é o "bicho de sete cabeças" que a maioria das pessoas pensa. Se você já concluiu o ensino fundamental, então está resolvido. Portanto, tire da cabeça esse seu pavor do Calc, e mãos à obra!

Revendo a aritmética – O Calc utiliza os seguintes operadores:

	Operadores	Exemplo	Resultado (com base na planilha a seguir)
Soma	+	= A2 + C2	10+15 = 25
Subtração	-	= C4 – A4	45 -30 = 15
Multiplicação	*	= C2 * A2	15 x 10 = 150
Divisão	/	= C5 / E4	60 / 4 = 15
Potência	^	= E2 ^ E10	$5^2 = 25$
Porcentagem	%	=(A9/A2)%	(100 / 10)%=0,1

Operadores de relacionamentos	
>	Maior
<	Menor
=	Igual
<>	Diferente
>=	Maior ou igual
<=	Menor ou igual
:	Intervalo
;	União
Todas as fórmulas devem iniciar com os sinais de = ou + ou -	
Se digitarmos os sinais de + ou – o Calc inserirá o símbolo de = automaticamente.	

Na figura a seguir são mostrados exemplos de fórmulas e funções.

	A	B	C	D	E	F	G	H
1	Soma		Soma		Soma			Soma
2	10		15		5			15
3	20		30			5		30
4	30		45		4			45
5	40		60			4		60
6	=A2+A3+A4+A5		=SOMA(C2:C5)		=SOMA(E2;F3;E4;F5)			+H2+H3+H4+H5
7								
8	Subtração		Multiplicação		Divisão			Potência
9	100		5		80			2
10	20		4		2			3
11	=A9-A10		=C9*E9		=E9/E10			=H9^H10

Entendendo as fórmulas e funções

Funções são fórmulas predefinidas e armazenadas no Calc para uso nas planilhas, sendo de várias categorias. Para termos acesso a todas as funções, acessamos o Menu Inserir e selecionamos a opção Função.

Também podemos usar as teclas de atalho Ctrl+F2.

E ainda podemos usar o Assistente de Funções.

Observe a tela ao lado. Este é o Assistente de Funções. Nele podemos escolher a categoria e a função. E ainda dispomos, na parte inferior da tela, do botão Ajuda sobre o Assistente.

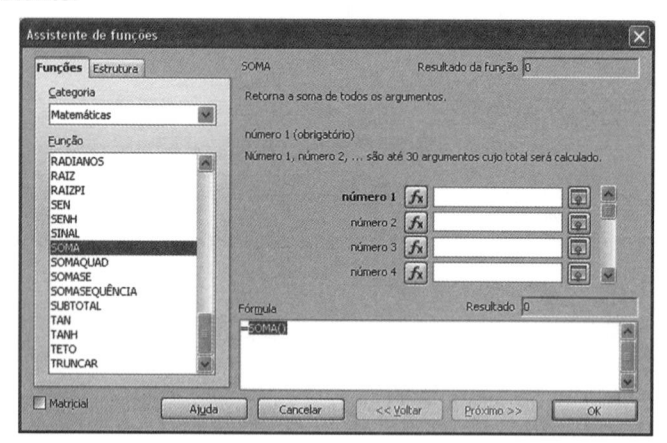

Categorias das Funções
- Banco de Dados
- Data e Hora
- Financeira
- Informações
- Lógico
- Matemático
- Matriz
- Estatístico
- Planilha
- Texto
- Suplemento

Analisemos as fórmulas e funções apresentadas na planilha anterior

Na planilha anterior, na página onde vimos as fórmulas e funções do Calc, podemos ver as fórmulas digitadas. Isso não ocorrerá com você, pois, após digitar a fórmula ou função, será teclado Enter ou Tab ou será clicada outra célula. E, então, a fórmula desaparecerá, ficando o resultado na célula. É assim mesmo, nas configurações padrão. Mas você deve querer saber como fiz isso, certo? (vai que cai na prova...)

Dica: Para apresentar as fórmulas e não o resultado, clique no Menu Ferramentas – Opções, item BrOffice.org Calc – Exibir e marque a opção Exibir – Fórmulas.

Analisemos, então, as fórmulas usadas. Tome como base a planilha mencionada acima, pois estaremos usando exatamente aquelas fórmulas.

	Fórmula ou função	Comentário
Soma	=A2+A3+A4+A5	Aqui estamos somando o conteúdo das células normalmente.
Soma	=SOMA(C2:C5)	Aqui estamos usando a função SOMA(). Observe que os dois pontos (:) significam o intervalo da célula C2 até a C5.
Soma	=SOMA(E2;F3;E4;F5)	Aqui também estamos usando a função SOMA(). Mas observe que usamos pontos e vírgulas entre as células. Assim podemos especificar células alternadas, ou seja, quaisquer células. Exemplo: =SOMA(B5; L30; Z40; X123).
Subtração	=A9-A10	Dispensa comentários, concorda?
Multiplicação	=C9*C10	Aqui a possível pegadinha é substituir o asterisco pelo sinal **X**.
Divisão	=E9/E10	Também sem comentários.
Potência	=H9^H10	Significa o valor de H9 elevado ao valor de H10.
Outras funções importantes (ainda utilizando a planilha de exemplo)		
Multiplicação	=MULT(C10:H10)	Multiplica os valores da célula C10 até a célula H10. Resultado = 24
Potência	=POTÊNCIA(E10;C10)	Outra forma de calcular potência. Note o ponto e vírgula. Resultado será 2 elevado a 4 = 16
Mínimo	=MÍNIMO(A9:H10)	Menor valor de A9 até H10. Resultado = 2. Experimente também a função Máximo.

Raiz	=RAIZ(E4)	Raiz quadrada de E4. Resultado = 2
Média	=MÉDIA(A9:C10)	Efetua a média dos valores de A9 até C10. Note que são quatro valores. Resultado será 129/4 = 32,25. É o mesmo que a função =Med()
Mod	= MOD(A4;E4)	Apresenta o resto da divisão da primeira célula pela segunda. O resultado será o resto da divisão de 30 dividido por 4. Resultado = 7 com resto 2. Logo, MOD(A4;E4) = 2
Agora	= AGORA()	Apresenta a data atualizada. 24/06/08 10:17

Outras funções

=CONT.SE() – Conta a quantidade de células que contenham valores de acordo com uma condição. Veja, a seguir, as funções e seus efeitos.

Como exercício, preencha uma planilha com os dados iguais a estes e lance as funções da coluna C.

	A	B	C	D	E
1	1000	1006	=CONT.SE(A1:A10;1006)	Conta de A1 até A10	os iguais a 1006
2	1001		=CONT.SE(A1:A10;B1)	Conta de A1 até A10	os iguais a B1
3	1002		=CONT.SE(A1:A10;">=1006")	Conta de A1 até A10	os >= a 1006
4	1003		=CONT.SE(A1:A10;"<0")	Conta de A1 até A10	os negativos
5	1004				
6	1005				
7	1006				
8	1007				
9	1008				
10	-1009				

=ARRED() – Arredonda um número até o número de casas decimais desejado.

Neste exemplo estamos dizendo ao Calc para Arredondar o número que está na célula A2 e que queremos o resultado com duas casas decimais. O resultado será 1,79.

	A	B
1		
2	1,7898	=ARRED(A2;2)
3		

=CONT.NÚM() – Conta quantos números estão na lista de argumentos.

No exemplo, mandamos contar quantos números existiam de A1 até A4. A resposta será 3 (porque Bola não é número).

	A	B
1		3
2		3
3	Bola	
4		5	=CONT.NÚM(A1:A4)
5		

=PROCV() – A função PROCV() serve para procurar um valor numérico ou texto na **primeira coluna** de uma planilha e mostrar o valor que está na primeira **ou** na segunda **ou** na terceira coluna (**ou** outra, se houver).

Pense em uma situação em que você tem uma imensa planilha e quer saber quanto o Ruy teve como nota em Matemática. **A resposta será 7,5**.

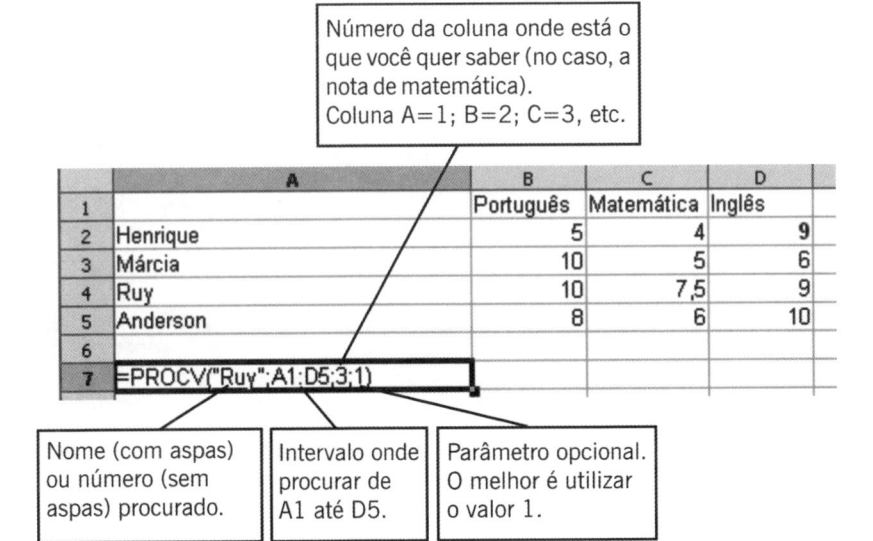

	A	B	C	D
1		Português	Matemática	Inglês
2	Henrique	5	4	9
3	Márcia	10	5	6
4	Ruy	10	7,5	9
5	Anderson	8	6	10
6				
7	=PROCV("Ruy";A1:D5;3;1)			

Número da coluna onde está o que você quer saber (no caso, a nota de matemática). Coluna A=1; B=2; C=3, etc.

Nome (com aspas) ou número (sem aspas) procurado.

Intervalo onde procurar de A1 até D5.

Parâmetro opcional. O melhor é utilizar o valor 1.

A Função E() – Serve para testar condições para saber se é VERDADEIRO ou FALSO. Veremos um pouco mais adiante que, conforme o resultado, o Calc tomará uma "atitude".

Podemos ler a função assim:

É verdadeiro que 2 + 2 = 4?

	A	B	C
1	2	2	=E(A1+B1=4)

A resposta, obviamente, é VERDADEIRO.
E será isto que o Calc escreverá na célula **C1** – VERDADEIRO.

	A	B	C
1	2	2	VERDADEIRO

Voltaremos a falar da função E() mais adiante.

A Função SE() – Serve para testar duas condições. Aproveitemos as duas figuras anteriores. Por um momento esqueça nosso estudo e apenas responda à minha pergunta.

SE a célula C1 for igual a VERDADEIRO fale seu nome; **SE NÃO** for VERDADEIRO, fale o meu nome. E então? Belo nome você tem! Eu ouvi seu nome, certo?

É assim que funciona!

Vamos transformar isso na linguagem do Calc:

=SE(A1+B1=4;"Ana";"Reynaldo"). Agora vamos ler com as palavras "dele": **SE A1+B1 FOR IGUAL a 4**; **Escreva Ana**; SE NÃO FOR IGUAL a 4; **Escreva Reynaldo**.

Note que os nomes Ana e Reynaldo estão entre aspas. Isso é o mesmo que mandar o Calc escrever na célula o que estiver entre as aspas.

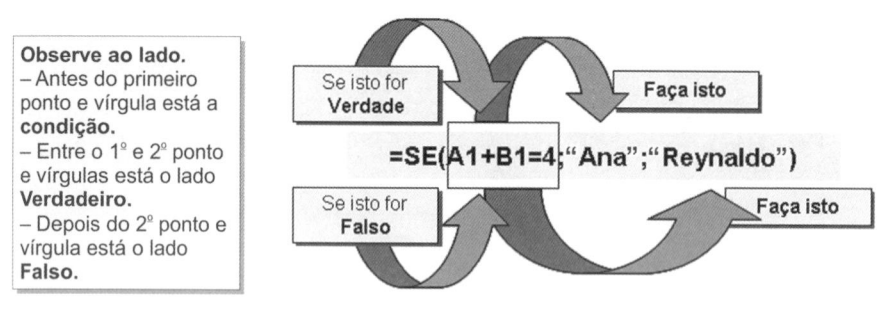

Observe ao lado.
– Antes do primeiro ponto e vírgula está a **condição**.
– Entre o 1º e 2º ponto e vírgulas está o lado **Verdadeiro**.
– Depois do 2º ponto e vírgula está o lado **Falso**.

Se isto for **Verdade** → Faça isto
=SE(A1+B1=4;"Ana";"Reynaldo")
Se isto for **Falso** → Faça isto

Agora, um exemplo com números e endereços de células.

Primeiro lemos a função: =SE(MÉDIA(A1:C3)>3;A5;A6)

Na nossa linguagem:

SE a Média de A1 até C3 for maior que 3, escreva o valor de **A5**;

SE a Média de A1 até C3 não for maior que 3, então escreva o valor de **A6**.

Note que aqui não foram usadas as aspas, pois se trata de valores numéricos ou endereços de células.

Como Média(A1:C3) é igual a 3, o Calc escolhe o lado Falso, ou seja, escreve 200, que é o valor de A6.

	A	B	C	D
1	2	2	2	=SE(MÉDIA(A1:C3)>3;A5;A6)
2	3	3	3	
3	4	4	4	
4				
5	100			
6	200			

Veja a segunda figura já com a nossa resposta.

	A	B	C	D
1	2	2	2	200
2	3	3	3	
3	4	4	4	
4				
5	100			
6	200			

A Função OU() – Aqui testaremos várias condições ao mesmo tempo. Voltemos ao mundo real. A coisa funciona assim: ou eu falo uma verdade ou falo uma mentira (falso). Caberá a você, minha amiga e meu amigo, julgar. Pronto? Vamos lá.

"OU você está lendo agora, OU eu sou o autor deste livro, OU este livro é sobre Física Quântica"

Se OU uma afirmação, OU outra afirmação, OU a outra afirmação for VERDADE, fale em voz alta o **meu nome**.

Se *nenhuma* das afirmações for *verdade*, fale o **seu nome**.

Ah, agora ouvi meu nome! (tá bom, você não falou, mas pensou...)

Mas, por que você falou meu nome? Porque bastava que uma única condição fosse verdade para tudo ser Verdade (ou seja, mesmo com uma Falsa – a da Física Quântica – ainda assim seria verdade).

Agora me responda: toda a afirmação a seguir é Verdadeira ou Falsa?

= OU(2+2=4;3+5=35;100/2=42)

E esta outra:

= OU(2+2=22;3+5=35;100/2=1002)

Pensou? A primeira é Verdadeira porque 2+2=4 (basta uma verdadeira, lembra-se?).

A segunda é Falsa porque não tem nenhuma afirmação Verdadeira.

Agora um exemplo misturando a função SE() com a função OU().

	A	B	C	D
1	20	CASA	40	
2				
3	=SE(OU(A1>20;B1="SELVA";C1=40);"Tá certo";"Tudo errado")			

Calma, não se apavore!

Como diria Jack, o Estripador, *"vamos por partes!"*

Temos a função = **SE (blá-blá-blá, etc.; "Tá certo"; "Tudo errado")**

Pelo que já vimos na função SE(), seja lá o que for o blá-blá-blá... se for Verdade o Calc escreverá **Tá certo**; se for Falso, o Calc escreverá **Tudo errado**.

Agora analisemos o blá-blá-blá...Na verdade é a função **OU()**

=OU(A1>20;B1="Selva";C1=40)

Como já estudamos, isso será Verdade, já que C1=40. E por isso, toda a condição (que gentilmente chamamos de **blá-blá-blá, etc.**) será Verdade.

E assim o Calc escreverá na célula A3 a expressão **Tá certo**.

E aí, acertou?

A Função E() – Novamente estamos abordando a função E(). Esta é praticamente igual à função OU(). Temos apenas uma pequena diferença. Enquanto na função OU() bastava que qualquer parte fosse Verdade para que tudo fosse Verdade, aqui **todas** as partes têm de ser Verdade para que tudo seja Verdade. Lembra-se do nosso exemplo?

Olhe agora: *"E você está lendo agora, E eu sou o autor deste livro, E este livro é sobre Informática"*. É tudo verdade, certo? Então todo o trecho é verdadeiro. Analise as funções a seguir.

= E(2+2=4;3+5=35;100/2=42)

Eu analiso assim:

"É verdade que 2+2=4 **E também** é verdade que 3+5=35 **E também** é verdade que 100/2=42?"

Como vimos, isso tudo aí não é Verdade. Só 2+2 = 4 é que é Verdade. O resto é Falso. Logo, toda a função é Falsa.

Agora, analise esta:

= E(2+2=4;3+5=8;100/2=50)

É verdade que 2+2=4 **E também** é verdade que 3+5=8 **E também** é verdade que 100/2=50?

Agora sim, tudo aí é Verdade. Logo, toda a função é Verdadeira.

Que tal um exemplo misturando a função SE() com a função E()?

	A	B	C
1	20	Casa	40
2	=SE(E(A1=20;B1="Casa";C1=40);"Certo";"ERRADO")		

Eu leio isso assim: "SE (É verdade que A1=20 e **E também** é verdade que B1=Casa **E também** é verdade que C1=40) escreva CERTO; se não for, escreva ERRADO."

Como tudo na função E() era verdade, o Calc escreverá CERTO, concorda?

Quer mais um exemplo misturando a função SE() com a função E()? Então, vamos lá.

	A	B	C
1	20	CASA	80
2	=SE(E(A1=20;B1="CASA";C1=40);A4;B4)		
3			
4		2000	3000

Primeiro, preste atenção na função SE(). Note que, se ela for verdade, a resposta será A4. Isso quer dizer que, se for verdade, o Calc deverá escrever não a palavra A4, mas o conteúdo da célula A4. E, se a função SE() for falsa, ele terá de escrever o conteúdo de B4.

Em síntese: se for verdade, a resposta será 2000; se for falso, a resposta será 3000.

Já descobriu a resposta? Claro que sim!

Vai ficar assim. O valor em A2 será 3000.

	A	B	C
1	20	CASA	80
2		3000	
3			
4		2000	3000

A Função AGORA() – Esta função, quando digitada em uma célula, faz com que se seja apresentada a data e hora atuais.

É uma função volátil, ou seja, cada vez que se abre a planilha, a data e a hora estarão atualizadas.

	A	B
1	24/06/08 13:22	

REFERÊNCIA RELATIVA

Este é um recurso que nos permite criar uma grande quantidade de fórmulas sem ter de digitá-las. Assim, aproveitamos fórmulas de uma célula ou intervalo de células para outra célula ou intervalo de células, sem precisar digitar novamente a fórmula.

O Calc ajusta automaticamente a cópia dos elementos de uma fórmula de acordo com suas **posições relativas** às células referenciadas.

No exemplo a seguir estamos somando as notas do primeiro e do segundo semestres na coluna D. Basta digitar a primeira fórmula e copiá-la (com Ctrl+C e Ctrl+V) para cada uma das demais células. Mas isso será muito demorado se forem muitos alunos. A solução é:

1. Digite a primeira fórmula.
2. Clique na alça de preenchimento.
3. Arraste até o último aluno.

	A	B	C	D
1	Aluno	1º Sem	2º Sem	Final
2	Glauco	6	8	=B2+C2
3	Míriam	5	7	=B3+C3
4	Suely	10	8	=B4+C4
5	Mara	10	4	=B5+C5
6	Roberta	7	9	=B6+C6
7	Glauce	7	7	=B7+C7

O Calc propagará a fórmula, criando as fórmulas dos demais alunos, porém mantendo a **referência relativa**, ou seja, cada fórmula é relativa aos seus dados.

> **Dica**: Há uma maneira bem mais rápida de fazer a mesma coisa. Em vez de clicar e arrastar a alça de preenchimento, efetue um duplo clique nela com o mouse. Serão criadas fórmulas até o último aluno. Isso é ótimo quando temos uma planilha com 400, 500 linhas. Experimente!

REFERÊNCIA MISTA

O objetivo aqui é o mesmo da Referência relativa, e a forma de fazer também. Mas vamos criar um complicador na hora de usar a fórmula.

Imagine a situação abaixo apresentada na planilha da figura a seguir: alunos Glauco até Glauce foram beneficiados por bom comportamento com o Abono tipo 1. Assim, basta digitar a fórmula para o Glauco e dar dois cliques no mouse para que o Calc propague a fórmula, certo? Errado! Olhe bem o que ocorreria com as fórmulas. Note que só o Glauco vai receber 10 como abono! (a Roberta e a Glauce, essas então vão ficar umas "feras"!)

Temos de evitar que o Calc altere o valor B9 da fórmula. Todos esses alunos terão de receber o valor de B9 = 10

	A	B	C	D
1	Aluno	1º Sem	2º Sem	Final
2	Glauco	6	8	=B2+C2+B9
3	Míriam	5	7	=B3+C3+B10
4	Suely	10	8	=B4+C4+B11
5	Mara	10	4	=B5+C5+B12
6	Roberta	7	9	=B6+C6+B13
7	Glauce	7	7	=B7+C7+B14
8	Tabela de Abonos			
9	Abono 1	10		
10	Abono 2	9		
11	Abono 3	6		
12	Abono 4	5		
13	Abono 5	0		
14	Abono 6	0		

Assim a Glauce e a Roberta recebem "zero" de abono!

A solução é simples. Precisamos "travar" o Calc na coluna B na linha 9. Para isso, colocamos o símbolo "$" depois do B e antes do 9. Assim: **B$9**

Eu leio isto assim:

Calc, fique na coluna B, travado na linha 9"

	A	B	C	D
1	Aluno	1º Sem	2º Sem	Final
2	Glauco	6	8	=B2+C2+B$9
3	Míriam	5	7	=B3+C3+B$9
4	Suely	10	8	=B4+C4+B$9
5	Mara	10	4	=B5+C5+B$9
6	Roberta	7	9	=B6+C6+B$9
7	Glauce	7	7	=B7+C7+B$9

Agora, quando arrastarmos ou efetuarmos o duplo clique na alça de preenchimento, a célula B9 ficará travada. Veja o exemplo anterior.

Dica: Se você copiar (Ctrl+C) a fórmula em E2 e colar (Ctrl+V) em E3, E4 etc., o efeito será o mesmo que puxar a alça de preenchimento. E, preste atenção que, quando você puxa a fórmula para **baixo**, a **letra da coluna** não muda! **Portanto, na referência absoluta, os endereços ficam mantidos.**

Um outro exemplo

Neste caso uma empresa distribui prêmios para suas lojas conforme seus desempenhos. E, para incentivar, distribui um abono fixo e igual para todas.

Se clicarmos na alça de preenchimento da fórmula da célula B3 e puxarmos para a direita teremos o **erro** mostrado.

Observe bem os erros aqui. Repare que as letras das colunas estão mudando. Só a Matriz está recebendo o abono de B5, que vale 100.

	A	B	C	D	E
1		Matriz	Filial 1	Filial 2	Filial 3
2	Prêmios	3000	2000	1000	1000
3	Prêmios+Abono	=B2+B5	=C2+C5	=D2+D5	=E2+E5
4					
5	Abono	100			

A solução aqui é "travar" a célula B5. Assim: **$B5**.

Assim todas as lojas receberão o abono da célula B5 = 100

Dica: Se você copiar (Ctrl+C) a fórmula em B3 e colar (Ctrl+V) em C3, D3 etc., o efeito será o mesmo que puxar a alça de preenchimento. E, preste atenção que, quando você puxa a fórmula para **o lado,** o número da linha não muda!

Resumo: Se **não usarmos** o símbolo $ (**ou seja, se não travarmos**):
– Puxar a alça para baixo faz variar os números (linhas).
– Puxar a alça para a direita faz variar as letras (colunas).

REFERÊNCIA ABSOLUTA

Esta é a mais simples de definir. Quando desejamos copiar uma célula e manter seu endereço original fixo, sem permitir o ajuste automático, usamos o $ antes da letra da linha e da coluna.

Neste caso o endereço todo está fixo.

Nem linha nem coluna poderão ser ajustadas automaticamente.

	A	B
1	50	
2	100	
3		=$A$1+$A$2

Quadro-resumo

	Exemplo	Efeito
Referência relativa	= A5+ B5	Nenhuma coluna ou linha fixa. Haverá ajuste automático.
Referência mista	= $A5+ $B5	As colunas estão fixas, mas as linhas não. Haverá ajuste nas linhas.
Referência absoluta	= $A$5+ $B$5	Colunas e linhas fixas. Não haverá ajuste automático.

? EXERCÍCIOS DE FIXAÇÃO

a) Quando formatamos automaticamente as cores, as linhas e o layout de uma planilha, que tipo de recurso estamos utilizando?

b) Se numa planilha dados acima de um determinado valor aparecem em uma cor e abaixo em outra cor, que recurso estamos utilizando?

c) Se digitarmos 21 de dezembro na célula B1 de uma planilha e, após selecionarmos a célula, clicarmos e arrastarmos a alça de preenchimento até a célula B5, que valor teremos em B5? (você acredita em Papai Noel?)

d) É possível criar uma lista automática apenas com os meses do ano abreviados?

e) Considerando o valor de A2 = 8 e B2 = 2, qual é o resultado de = **A2^B2**?

f) E, com os mesmos valores, qual o resultado de = **MOD(A2;B2)**?

Lembre-se: Os exercícios de fixação não têm gabarito! Em caso de dúvida, volte e releia o assunto.

FAZENDO CÁLCULOS ENTRE PLANILHAS

Você sabia que é possível fazer cálculos entre planilhas do Calc? Vamos a um exemplo. A seguir temos as vendas da nossa empresa – Matriz e Filiais. Note que cada loja está em uma planilha (Planilha1, Planilha2 e Planilha3). E, na Planilha4 temos a consolidação da empresa, ou seja, os totais.

	A	B	C
1		MATRIZ	
2	Mês	Vendas	
3	Jan	R$ 1.000,00	
4	Fev	R$ 2.000,00	
5	Mar	R$ 2.000,00	
6	Abr	R$ 1.000,00	
7	Mai	R$ 500,00	
8	Jun	R$ 700,00	
9	Total	R$ 7.200,00	
10			

Planilha1 / Planilha2 / Planilha3 / Planilha4

Para colocar o endereço de uma célula de uma planilha em outra usamos o ponto.

Plan1.B9 quer dizer: a célula B9 da Plan1.

	A	B	C	D
1		Filial 1		
2	Mês	Vendas		
3	Jan	R$ 500,00		
4	Fev	R$ 700,00		
5	Mar	R$ 150,00		
6	Abr	R$ 1.500,00		
7	Mai	R$ 2.300,00		
8	Jun	R$ 600,00		
9	Total	R$ 5.750,00		
10				

Planilha1 **Planilha2** Planilha3 / Planilha4

	A	B	C
1	LOJA	TOTAL	
2	Matriz	=Planilha1.B9	
3	Filial 1	=Planilha2.B9	
4	Filial 2	=Planilha3.B9	
5			
6			
7			
8			
9			
10			

Planilha2 / Planilha3 **Planilha4**

	A	B	C	D
1		Filial 2		
2	Mês	Vendas		
3	Jan	R$ 450,00		
4	Fev	R$ 350,00		
5	Mar	R$ 900,00		
6	Abr	R$ 400,00		
7	Mai	R$ 2.300,00		
8	Jun	R$ 1.400,00		
9	Total	R$ 5.800,00		
10				

Planilha1 / Planilha2 **Planilha3** / Planilha4

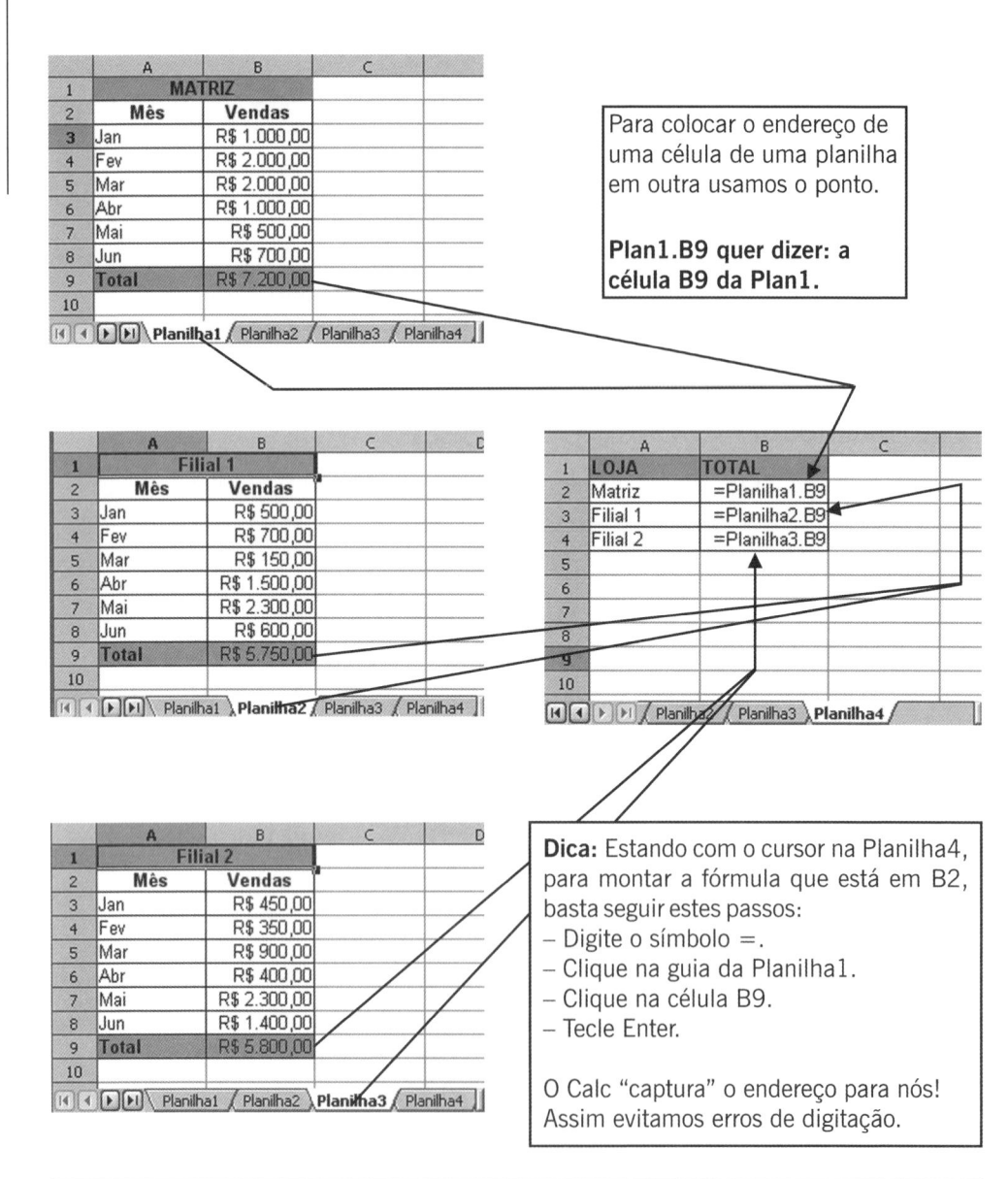

Dica: Estando com o cursor na Planilha4, para montar a fórmula que está em B2, basta seguir estes passos:
– Digite o símbolo =.
– Clique na guia da Planilha1.
– Clique na célula B9.
– Tecle Enter.

O Calc "captura" o endereço para nós! Assim evitamos erros de digitação.

👁 **Muito cuidado aqui!** Se você é usuário experiente de Excel, sabe que lá a fórmula para fazer referência a outra planilha leva o ponto de exclamação (ex: Plan1!B9, no Excel, quer dizer: a célula B9 da Plan1). **Aqui no Calc é diferente!** No lugar da exclamação vai o ponto!

❓ EXERCÍCIOS DE FIXAÇÃO

Com base nas planilhas a seguir, determine o resultado de cada fórmula ou função.

Lembre-se: Excepcionalmente coloquei o gabarito neste exercício. Mas sugiro que não o olhe logo. Em caso de dúvida, volte e releia o assunto. E, para conferir sua resposta, se você tem acesso a um computador, abra o Calc e experimente. E, só depois, confira o gabarito. Acredite: será melhor pra você.

	A	B	C	D
1	2,789			=ARRED(A1;1)
2				
3		44	64	=CONT.NÚM(A3:B5)
4		33	casa	=PROCV(33;A3:B5;2;1)
5		22	rua	=SE(MÉDIA(A3:B5)>100;"Certo";"Errado")
6				=SE(MÉDIA(A3:B5)<100;B3;B4)
7			Tudo certo	=SE(E(A3>10;A4>20;A5>12);B7;B8)
8			Tudo errado	=SE(OU(A3>50;A4>40;A5>12);B7;B8)
9				=AGORA()
10				=Planilha2.B2+Planilha2.B3+Planilha2.B4
11				

Planilha1 / Planilha2 / Planilha3

	A	B	C
1			
2		100	
3		200	
4		300	
5			

Planilha1 \ **Planilha2** / Planilha3

Qual será o resultado em:

a – Plan1 célula D1	b – Plan1 célula D3	c – Plan1 célula D4
d – Plan1 célula D5	e – Plan1 célula D6	f – Plan1 célula D7
g – Plan1 célula D8	h – Plan1 célula D9	i – Plan1 célula D10

Respostas

a – 2,8	b – 4	c – casa
d – Errado	e – 64	f – Tudo certo
g – Tudo certo	h – data e hora atuais	i – 600

EXERCÍCIOS – CALC

1. **Com base na figura a seguir, responda aos quesitos relativos ao aplicativo Calc, assinalando a resposta CERTA.**
   Se clicarmos com o mouse na célula C2, esta ficará selecionada, apresentando a marca de seleção e a alça de preenchimento. Se arrastarmos a alça até a célula C5, o valor da célula C5 será igual a:
   a) 13;
   b) 5;
   c) 10;
   d) 0;
   e) 7.

2. **A célula C11 apresenta a sua fórmula = A10+H10. Considerando que o resultado dessa fórmula é igual a 17, pode-se afirmar que:**
   a) não se pode avaliar o valor da célula C7 da Plan3, pois a planilha aberta é a Plan1;
   b) o valor da célula ativa é maior do que 10;
   c) o valor da célula C7 da Plan3 é igual 7;
   d) o valor da célula C7 da Plan3 é igual 10;
   e) não há célula ativa nesta planilha.

3. **A figura a seguir apresenta uma planilha do Calc. Com relação a esta planilha, assinale a opção Errada.**

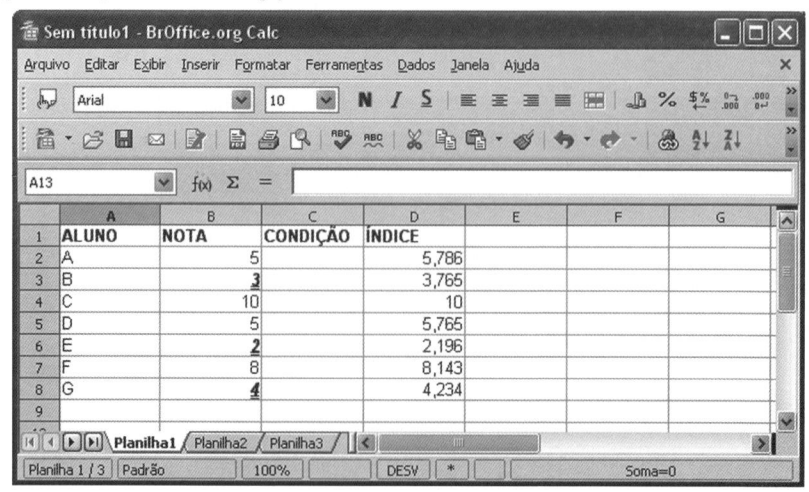

a) Considerando-se que as notas inferiores a 5, na coluna B, estão em **Negrito** e com um **duplo sublinhado**, é possível que se tenha utilizado o recurso da Formatação condicional.
b) Na coluna C é possível que se tenha utilizado a função =SE()
c) Clicando na célula E6 e clicando duas vezes no botão [.000] e, em seguida, clicando uma vez no botão [0-7 .000] o índice do aluno E será igual a 2,20.
d) A opção Mesclar e centralizar do Calc pode ser efetuada selecionando células não adjacentes.
e) Assim como no Writer, a combinação de teclas Ctrl+A seleciona toda a planilha.

Com base nas funções e dados da planilha a seguir, assinale as respostas corretas.

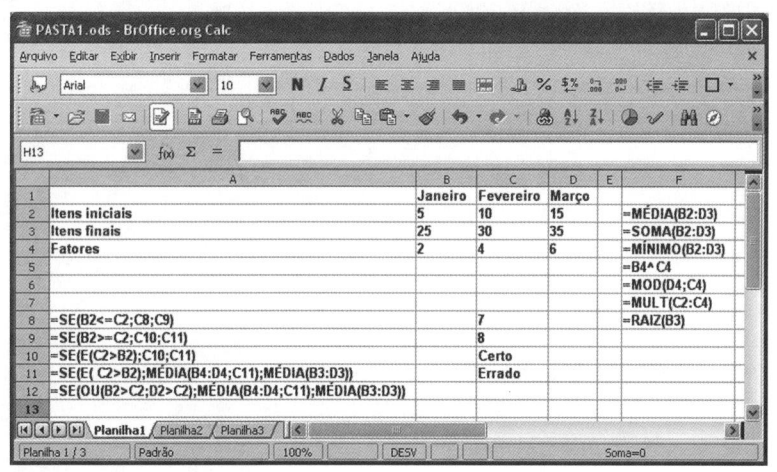

	A	B	C	D	E	F
1		Janeiro	Fevereiro	Março		
2	Itens iniciais	5	10	15		=MÉDIA(B2:D3)
3	Itens finais	25	30	35		=SOMA(B2:D3)
4	Fatores	2	4	6		=MÍNIMO(B2:D3)
5						=B4^C4
6						=MOD(D4;C4)
7						=MULT(C2:C4)
8	=SE(B2<=C2;C8;C9)		7			=RAIZ(B3)
9	=SE(B2>=C2;C10;C11)		8			
10	=SE(E(C2>B2);C10;C11)		Certo			
11	=SE(E(C2>B2);MÉDIA(B4:D4;C11);MÉDIA(B3:D3))		Errado			
12	=SE(OU(B2>C2;D2>C2);MÉDIA(B4:D4;C11);MÉDIA(B3:D3))					
13						

4. O valor da célula F2 é igual a:
a) 20;
b) 15;
c) 30;
d) 10.

5. O valor da célula F3 é igual a:
a) 30;
b) 32;
c) 100;
d) 120.

6. O valor da célula F4 é igual a:
a) 2;
b) 5;
c) 4;
d) 6.

7. O valor da célula F5 é igual a:
a) 8;
b) 6;
c) 12;
d) 16.

8. **O valor da célula F6 é igual a:**
   a) 1;
   b) 3;
   c) 2;
   d) 4.

9. **O valor da célula F7 é igual a:**
   a) 40;
   b) 1200;
   c) 1000;
   d) 120.

10. **O valor da célula F8 é igual a:**
    a) 5;
    b) 6;
    c) 7;
    d) 8.

11. **O valor da célula A8 é igual a:**
    a) Certo;
    b) 8;
    c) 7;
    d) Errado.

12. **O valor da célula A9 é igual a:**
    a) 7;
    b) 8;
    c) Certo;
    d) Errado.

13. **O valor da célula A10 é igual a:**
    a) Certo;
    b) Errado;
    c) 8;
    d) 7.

14. **O valor da célula A11 é igual a:**
    a) 7;
    b) 4;
    c) 5;
    d) 6.

15. **O valor da célula A12 é igual a:**
    a) 4;
    b) 5;
    c) 6;
    d) 7.

GABARITO

1. C
2. C
3. D
4. A
5. D
6. B
7. D
8. C
9. B
10. A
11. C
12. D
13. A
14. B
15. A

Impress, criando apresentações

Nos capítulos anteriores estudamos o Writer e o Calc. Como vimos, eles fazem parte de um pacote de aplicativos essenciais a qualquer escritório. Agora completaremos nosso estudo desse pacote com um software fundamental à vida de qualquer empresa: o BrOffice.org Impress.

O IMPRESS, O QUE É?

O Impress é um programa utilizado para edição e exibição de apresentações gráficas. Para isso dispõe de processamento de textos, modelos, desenhos, assistentes, gráficos e vários tipos de ferramentas. A maioria das apresentações em cursos, escolas, faculdades e reuniões de empresas utilizam-no para apresentar seus projetos e informações. Uma apresentação é uma sequência de slides que pode possuir efeitos como sons, pequenos vídeos e diversos efeitos especiais.

COMO ESTUDAREMOS O IMPRESS

Tendo em vista a utilização de inúmeros recursos de edição de textos idênticos ao Writer, este será nosso ponto de partida. Abordaremos basicamente a parte gráfica do Impress, até porque nesse aspecto ele é essencialmente diferente do Writer e do Calc.

> Uma dica para facilitar o estudo do Impress. É conveniente trabalhar na resolução de tela 1024x768. Em algumas telas isso é fundamental para que possamos ver todos os recursos.

QUE TIPOS DE ARQUIVOS O IMPRESS PODE PRODUZIR?

O Impress pode produzir diversos tipos de arquivos. Os principais são:

👁 Tipo de arquivo	Extensão	Características
Apresentação	.odp	É o padrão do Impress. É gerado automaticamente quando salvamos um documento.
Página da Web	.htm ou .html .xhtml	O Impress pode criar páginas para a Internet (Web). HTML é uma expressão inglesa – HyperText Markup Language – que significa Linguagem de Marcação de Hipertexto. É uma linguagem utilizada para produzir páginas na Web. XHTML é a evolução da HTML.
Modelo de apresentação	.otp	Quando precisamos de um modelo para utilizarmos várias vezes, criamos um documento normalmente e o salvamos como .otp.
Formatos de figuras	.bmp .gif .jpg .png .wmf	O Impress pode transformar cada slide em figura com os formatos listados ao lado.
Formato .pdf	.pdf	Assim como o Writer e o Calc, o Impress também permite a criação de documento em formato .pdf.

COMO O IMPRESS ORGANIZA O SEU TRABALHO?

Como em um filme, o Impress produz uma de sequência de slides.

O Impress não produz um filme, mas vários slides. Essa sequência recebe o nome de Apresentação.

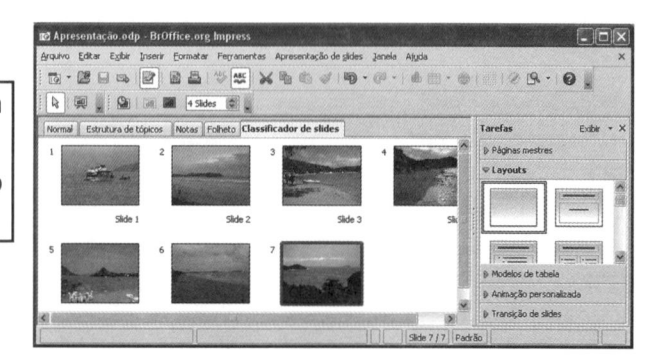

A ÁREA DE TRABALHO DO IMPRESS

Passemos a identificar os principais componentes da Área de Trabalho.

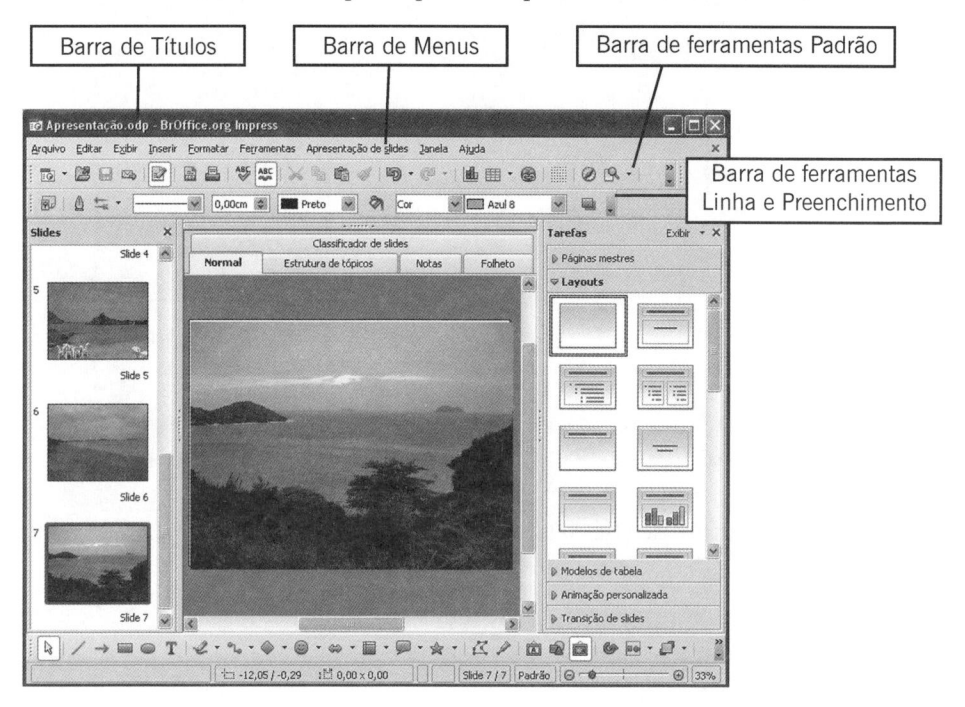

Observe que o título encontrado na Barra de Títulos é Apresentação.

À esquerda temos um painel denominado Slides no qual fazemos a navegação entre os slides.

Note, também, na parte inferior, a Barra de ferramentas Desenho.

À direita temos o Painel de Tarefas. Muitas configurações são efetuadas usando esse recurso.

Os três recursos – Painel de Slides, Painel de Tarefas e Barra de Desenhos – podem ser ocultos e exibidos utilizando-se o Menu Exibir.

CRIANDO UMA APRESENTAÇÃO

Ao iniciarmos a criação de uma Apresentação, clicamos na opção Novo do Menu Arquivo e selecionamos Apresentação ou clicamos no botão Novo da Barra de ferramentas Padrão.

O trabalho se inicia com um assistente que nos orienta na criação de uma Apresentação vazia, ou a partir de um modelo ou, ainda, com base em uma Apresentação existente. Teremos, então, a tela inicial ainda sem nenhum slide criado.

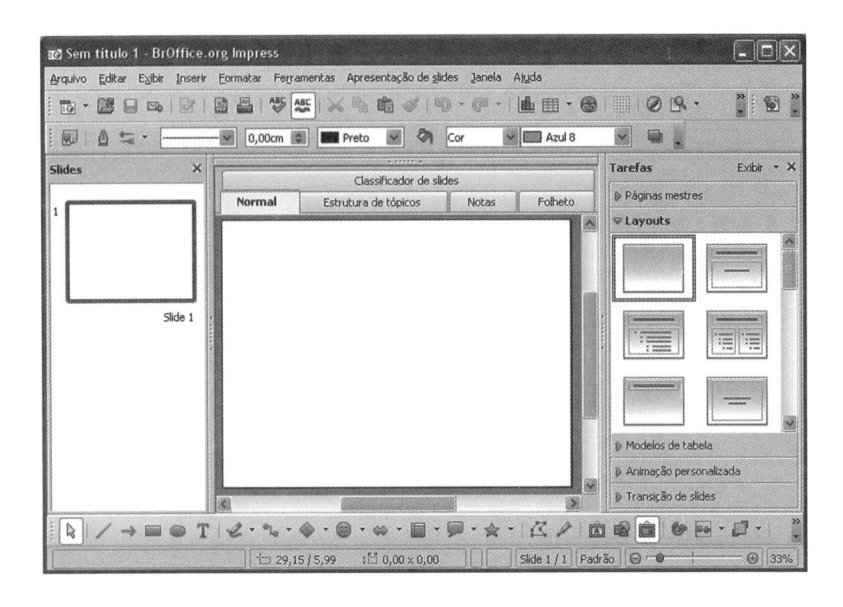

À direita, no Painel de Tarefas, temos vários layouts de slides. Selecione o layout de conteúdo em branco.

Se desejar (normalmente faço isto), feche o Painel de Tarefas. Teremos mais área para trabalhar.

Inserindo formas e figuras e selecionando/redimensionando figuras

Criado o slide em branco, o próximo passo é criar as figuras e os textos.

As figuras são criadas por meio da Barra de ferramentas de Desenho ou do Menu Inserir usando a opção **Figura**. Essa figura pode estar armazenada ou ser digitalizada neste momento. Clicando sobre uma figura podemos ampliá-la, movê-la, girá-la etc.

Podemos inserir vários tipos de figuras de diversas origens. Veja a seguir.

Para selecionar uma figura, basta clicar sobre ela e surgirão aqueles pontinhos quadrados em volta. Esses pontos são chamados de **Alças de dimensionamento**. Clicar e arrastar os pontos ampliará ou reduzirá a figura. Diferentemente do nosso conhecido Powerpoint, aqui todas as alças deformam a imagem em vez de crescer proporcionalmente. Para que a modificação de tamanho seja proporcional, clique na figura com o botão direito do mouse, selecione a opção Posição e Tamanho e, na guia correspondente, marque a caixa de verificação Manter proporção. E então defina o tamanho desejado pelas medidas apresentadas.

| Figura da Barra de Desenho | Figura da Galeria | Figura da Galeria do Fontwork | Figura de Arquivo |

Inserindo um Slide

Naturalmente, após criarmos um slide, criaremos vários outros. Para criar um slide, uma das opções é selecionar no Menu Inserir a opção Slide.

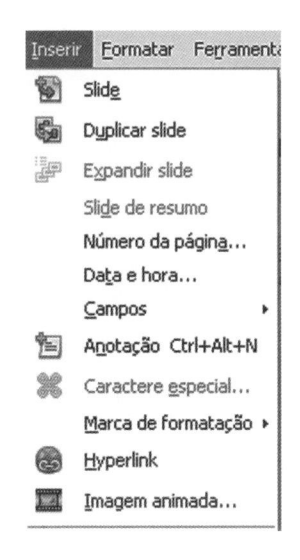

> Muita atenção a todos os ícones agora que estamos estudando o Impress. Identifique cada um deles e tente memorizar.
> Muitas questões de prova são montadas sobre esse detalhe.

Criando uma apresentação

Na verdade, assim que começamos a trabalhar, já estávamos criando uma Apresentação. Mas à medida que a quantidade de slides aumenta, precisamos dominar alguns recursos a mais do Impress.

Inicialmente precisamos conhecer os seus **modos de exibição**. Cada um se presta a uma finalidade. Podemos selecionar os modos de exibição por meio do Menu Exibir ou clicando nas guias da Área de trabalho.

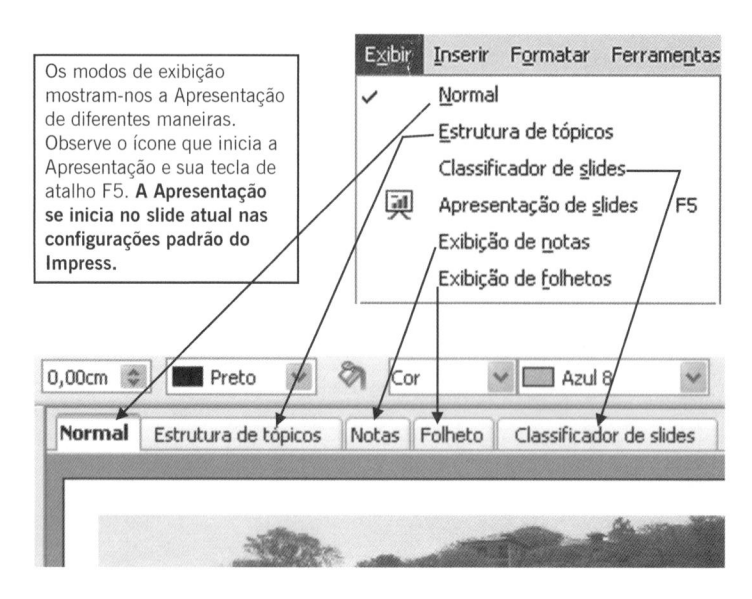

Os modos de exibição mostram-nos a Apresentação de diferentes maneiras. Observe o ícone que inicia a Apresentação e sua tecla de atalho F5. **A Apresentação se inicia no slide atual nas configurações padrão do Impress.**

A seguir estudaremos cada Modo de Exibição.

Modo Classificador de slides

Neste modo organizamos a coleção de slides. Sua Barra de ferramentas, exibida a seguir de forma ampliada, permite algumas operações importantes para a confecção da apresentação.

Dica: Neste modo, para inserir Novo Slide, clique com botão direito do mouse.

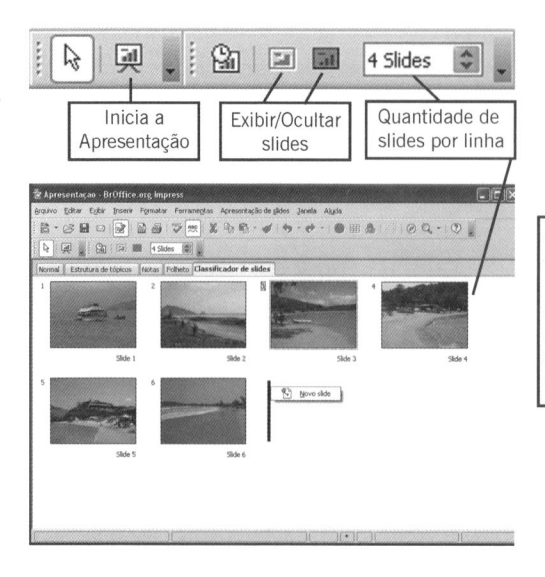

O Modo de Classificação permite ver todos os slides. Clicando e arrastando um slide podemos trocá-lo de posição. Clicando e teclando Delete excluímos o slide.
Observe com atenção a Barra de ferramentas ampliada na figura.

Slide oculto – O Modo de Classificação apresenta a numeração dos slides abaixo de cada um. Quando apresentarmos os slides, todos serão vistos em sequência. No entanto, algumas vezes pode ser conveniente que um ou mais slides não sejam apresentados para aquela plateia. Nesse caso não há a necessidade de excluí-lo; basta ocultá-lo, clicando no botão Ocultar slide. O número do slide ficará assim: 🔲

> 👁 Um slide oculto não é excluído do arquivo. Apenas não será visto durante a apresentação para a plateia!

Modo Normal

🖱 Este é o modo em que efetivamente criamos a apresentação. Aqui elaboramos os desenhos e textos e inserimos os efeitos desejados nos elementos do trabalho. O slide aparece como uma folha de papel, podendo estar na orientação retrato ou paisagem, conforme a finalidade do trabalho. Esse slide da figura foi configurado para ser impresso em uma transparência, e não em uma apresentação multimídia. Essa configuração é feita no Menu Formatar – opção Página, na guia Página –, na qual podemos definir se a apresentação será na tela ou outro formato, como por exemplo A4.

> 💡 Para formatar a página também podemos clicar com o botão direito do mouse em uma área livre do slide e selecionar a sequência Slide – Configuração de página.

A BARRA DE FERRAMENTAS PADRÃO

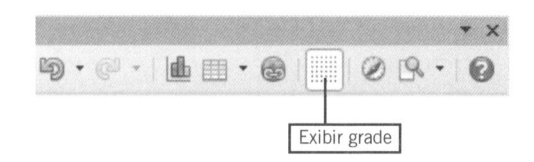

Na Barra de ferramentas Padrão só nos falta conhecer o botão Exibir grade.

Mas o que é uma grade? É uma linha pontilhada, invisível na impressão, que serve para alinhar automaticamente objetos em linhas de grade verticais e horizontais. Experimente selecionar uma figura, de preferência pequena, e arrastá-la. Você notará que ela se deslocará em pequenos (bem pequenos) "saltos". Com isso ela estará se alinhando, por conta própria, a uma grade invisível. Assim fica fácil alinharmos vários objetos.

Mas às vezes esse recurso pode ser incômodo. Por exemplo, quando não queremos um alinhamento perfeito. Nesse caso, para anular esse recurso, mantenha pressionada a tecla **Ctrl** ao arrastar o objeto.

A BARRA DE FERRAMENTAS APRESENTAÇÃO

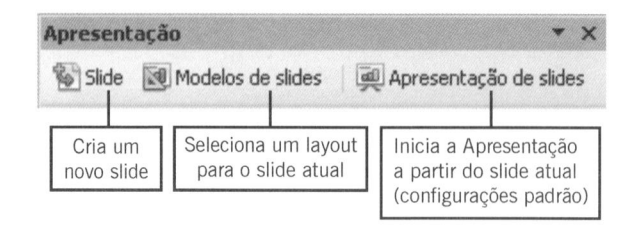

Modo de apresentação – ou tecla F5

Este é o modo em que o trabalho é apresentado ao público. No Impress podemos iniciar a partir do slide atual, clicando no ícone exibido, ou pela tecla F5 ou, ainda, utilizando o **Menu Exibir – Apresentação de Slides**.

Este modo não apresenta menus visíveis.

Observe na imagem a seguir que temos um menu rápido na tela. Ele foi obtido clicando com o botão direito do mouse. Este menu permite avançar, recuar e finalizar a exibição.

Mas há uma interessante função na opção Tela.

Note a opção **Tela** no Menu Rápido. Podemos escurecer a tela ou fazê-la ficar branca. Isso é muito usado em salas de aula quando o orador quer "apagar" a imagem sem desligar o projetor. Para isso, na opção Tela, temos: Preto ou Branco. E antes que você me pergunte o porquê, acontece que, quando se desliga um projetor, ele demora algum tempo para reacender. Assim fica rápido. O palestrante "desliga" a tela sem desligar o projetor.

Dica: Também podemos sair do Modo de Apresentação com a tecla ESC.

Modo de Notas

Este modo existe apenas para orientação do palestrante durante a apresentação. Os slides que serão apresentados são impressos contendo os comentários inseridos pelo orador.

Assim, enquanto a plateia vai assistindo à apresentação, o apresentador pode ler no seu papel as observações que ele tenha preparado previamente. Note que o Modo de Anotações apresenta uma miniatura do slide e, abaixo deste, o texto de orientação ao palestrante.

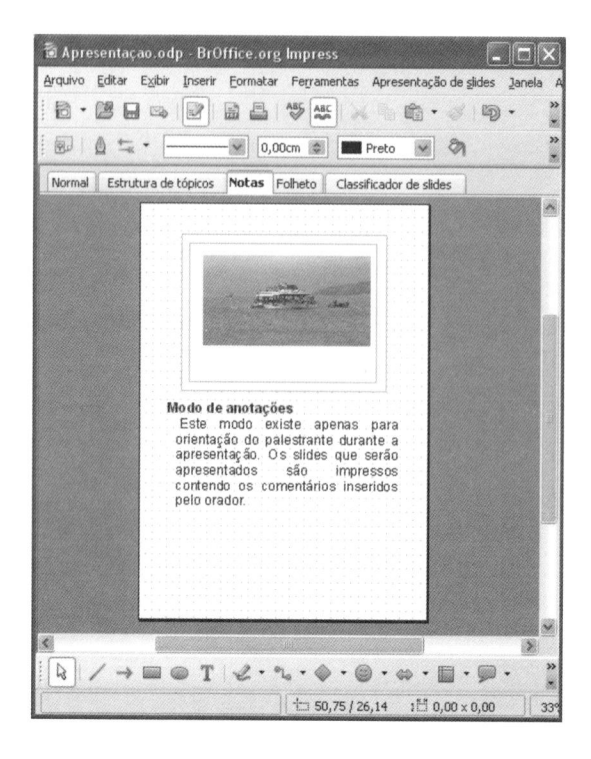

Modo de Folheto

Exibição de folhetos. Contém os slides e o texto desejados para distribuir ao público.

Obviamente é um recurso voltado para a impressão.

Trabalhando com figuras

Aqui está o ponto forte do Impress: manipular figuras para criar a apresentação. Todo slide normalmente utiliza muitas figuras que, como já vimos, podem ser inseridas de diversas origens.

Agora veremos como trabalhá-las.

Agrupando e desagrupando figuras, o que é isso?

É comum, durante uma preparação de slides, precisarmos evitar que as figuras percam sua posição relativa em relação à imagem como um todo. Ou, outras vezes, criamos duas ou mais figuras, mas não queremos que elas apareçam uma de cada vez na tela, mas, sim, todas ao mesmo tempo.

Nesses casos usamos o recurso de agrupar ou desagrupar figuras.

A seguir temos três figuras que foram inseridas no slide. Note que estamos no Modo Normal, que é o modo em que editamos os slides.

> 👁 Para selecionar várias figuras ou quaisquer objetos, clicamos fora do objeto com o mouse e, sem soltar, arrastamos envolvendo-o(s). Será criado um retângulo com pontos. Ao soltar o botão, a(s) figura(s) estará(ão) selecionada(s).

Antes de selecionar as figuras   Após selecionar

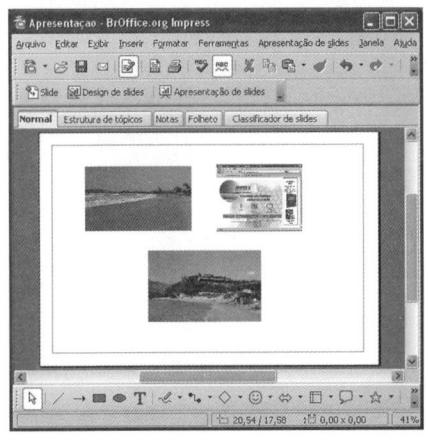

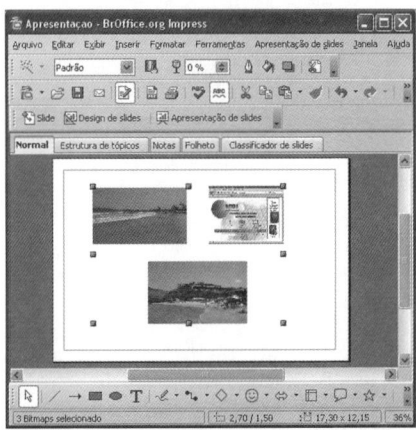

Clicando sobre as figuras selecionadas com o botão direito do mouse, teremos o menu com a opção Agrupar. Após o agrupamento, toda a figura se transformará em uma única. Se for necessário dividi-la nas figuras originais, basta clicar sobre ela com o botão direito do mouse e, no menu que surgirá, selecionar a opção Desfazer agrupamento.

Alterando a ordem das figuras

Outro recurso interessante é a possibilidade de alterar a ordem das figuras. Cada objeto criado ou colado na apresentação ocupa uma posição em uma camada. O primeiro será criado na camada mais longe do usuário e, à medida que novos vão surgindo, vão ocupando camadas cada vez mais próximas. Ou seja, quanto mais recente o objeto, mais próximo de você ele está; quanto mais antigo, mais distante.

Neste exemplo o quadrado foi o primeiro a ser criado, e o triângulo, o último. No menu rápido podemos alterar essa ordem por meio da opção **Dispor**, avançando ou recuando passo a passo ou enviando diretamente para frente ou para trás.

Neste exemplo a seguir clicamos no quadrado e selecionamos **Trazer para a Frente**.

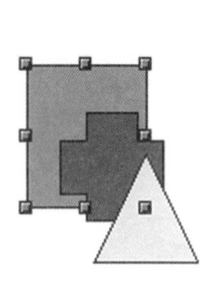

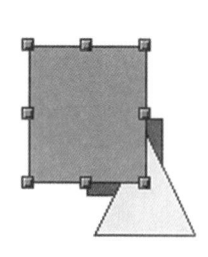

Transição de slides

É a forma como um slide substitui outro durante a apresentação. Você já percebeu que quando assiste à televisão não sente a mudança de um comercial para o outro ou de um quadro para o outro? A coisa é rápida e bem feita para não incomodar quem assiste. Essa técnica de como passar de uma cena para outra e, no nosso caso, de um slide para outro chama-se **transição**.

O Impress tem várias opções de transição.

Aqui temos uma ilustração do que é uma transição com o tipo Venezianas Verticais.

Você está vendo uma foto, mas se fosse de verdade haveria o movimento em que um slide fecharia com venezianas para o outro se abrir.

Podemos configurar a transição de várias formas, tanto no Modo Normal como no Modo Classificador. Nos dois casos, o Painel de Tarefas deve estar aberto (Menu Exibir – Painel de tarefas).

Observe que as setas indicam as possibilidades de transição, a velocidade com que ela ocorrerá, se haverá ou não som e, ainda, se a transição se dará por ação do mouse ou automaticamente após o transcurso de tempo determinado em segundos. E, se você estiver no Modo Normal, clique no botão Reproduzir para visualizar a transição que está sendo aplicada.

E abaixo do botão **Aplicar a todos os slides**, encontramos o botão **Apresentação de slides,** que inicia a apresentação a partir do slide atual.

Personalizando a animação

Animação personalizada é a forma como os objetos (imagens ou textos) surgem na tela. Imagine que no slide a seguir eu deseje que cada objeto surja na direção das setas e na ordem de seus números. Assim, o quadrado apareceria da esquerda para a direita de cima para baixo (os outros se seguiriam na ordem) até que o texto (pode acreditar, o que está escrito ali é verdade!) aparecesse da direita para a esquerda. Isso é Animação.

Note que cada objeto, terá sua hora para entrar em cena, sua velocidade, seu efeito de entrada, e, ainda, se entrará por ação do mouse ou por tempo. Essas configurações são feitas no Painel de Tarefas, visto ao lado.

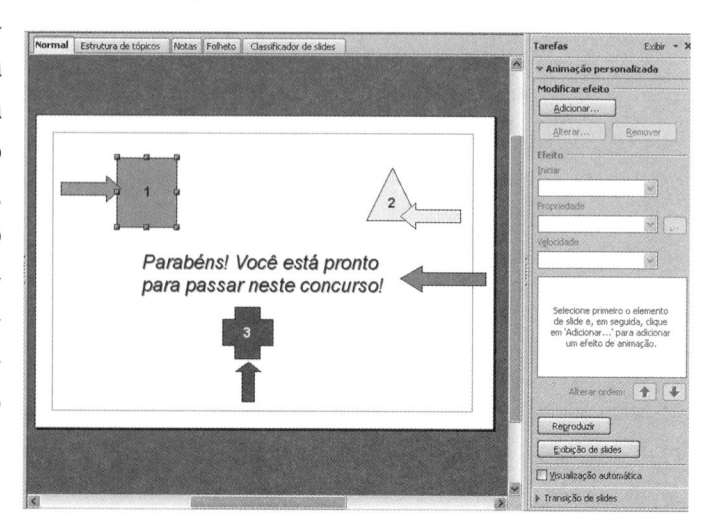

Para adicionar Animação você pode clicar com o botão direito do mouse sobre a figura ou selecionar no menu Apresentação de slides a opção Animação personalizada ou, ainda, clicar com o mouse sobre a figura e pressionar o botão Adicionar que estará no Painel de tarefas, à direita.

Após clicar no botão Adicionar do Painel de Tarefas temos a janela ao lado. Agora é só uma questão de criatividade. Escolha como deseja que o objeto entre em cena na guia Entrada, como vai sair, na guia Sair e como será o movimento, na guia Caminhos de movimento.

Experimente! É divertido!

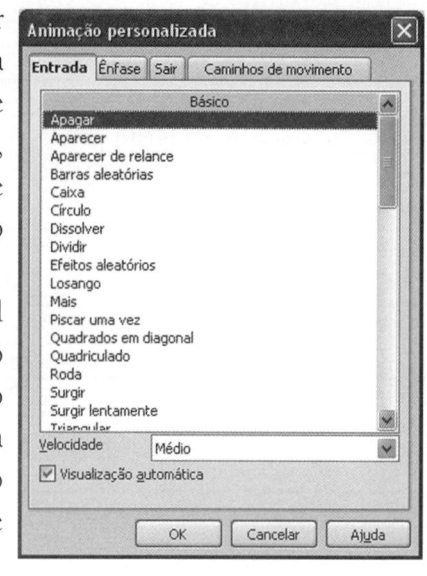

E, uma última dica: Não confunda Animação com Transição. Agora você conhece bem as duas.

Mãos à obra, e divirta-se com o Impress.

Teclas de Função para Apresentações

Teclas de atalho	Efeito
F2	Edita o texto.
F3	Edita o grupo.
Ctrl+F3	Sai do grupo.
Shift+F3	Duplica.
F4	Posição e tamanho.
F5	Exibe apresentação de slides.
Ctrl+Shift+F5	Navegador.
F7	Verificação ortográfica.
Ctrl+F7	Dicionário de sinônimos.
F8	Edita pontos.
Ctrl+Shift+F8	Ajusta o texto ao quadro.
F11	Estilos e formatação.

Teclas de Atalho em Apresentações de Slides

Teclas de atalho	Efeito
Esc	Finaliza a apresentação.
Barra de espaço ou seta para direita ou seta para baixo ou Page Down ou Enter ou Return ou N	Reproduz o próximo efeito (se houver, caso contrário, vai para o próximo slide).
Alt+Page Down	Vai para o próximo slide sem reproduzir os efeitos.
[número] + Enter	Digite o número de um slide e pressione Enter para ir para o slide.
Seta para a esquerda ou seta para cima ou Page Up ou Backspace ou P	Reproduz o efeito anterior novamente. Se não houver efeito anterior nesse slide, exibe slide anterior.
Alt+Page Up	Vai para o slide anterior sem reproduzir os efeitos.
Home	Salta para o primeiro slide da apresentação.
End	Salta para o último slide da apresentação.
Ctrl+Page Up	Vai para o slide anterior.
Ctrl+Page Down	Vai para o próximo slide.
B ou.	Exibe tela em preto até o próximo evento de tecla ou do mouse.
W ou,	Exibe tela em branco até o próximo evento de tecla ou do mouse.

Teclas de Atalho na Exibição Normal

Teclas de atalho	Efeito
Tecla de adição (+)	Mais zoom.
Tecla de subtração (-)	Menos zoom.
Tecla de multiplicação (×) (teclado numérico)	Ajusta a página à janela.
Tecla de divisão (÷) (teclado numérico)	Aplica mais zoom na seleção atual.
Shift+Ctrl+G	Agrupa os objetos selecionados.
Shift+Ctrl+Alt+A	Desfaz o grupo selecionado.
Ctrl+clique	Entra em um grupo para que você possa editar os objetos individuais do grupo. Clique fora do grupo para retornar à exibição normal.
Shift+Ctrl+K	Combina os objetos selecionados.

Shift+Ctrl+K	Divide o objeto selecionado. Essa combinação funcionará apenas em um objeto que tenha sido criado pela combinação de dois ou mais objetos.
Ctrl+tecla de adição	Traz para a frente.
Shift+Ctrl+tecla de adição	Traz para a frente.
Ctrl+tecla de subtração	Recua.
Shift+Ctrl+tecla de subtração	Envia para trás.

Teclas de Atalho do Impress

Teclas de Atalho	Efeito
Tecla de seta	Move o objeto selecionado ou a exibição da página na direção da seta.
Ctrl+tecla de seta	Move pela exibição da página.
Shift+arrastar	Limita o movimento do objeto selecionado no sentido horizontal ou vertical.
Ctrl+arrastar (com a opção Copiar ao Mover ativa)	Mantenha pressionada a tecla Ctrl e arraste um objeto para criar uma cópia desse objeto.
Tecla Alt	Mantenha pressionada a tecla Alt para desenhar ou redimensionar objetos arrastando do centro do objeto para fora.
Tecla Alt+clique	Seleciona o objeto que está atrás do objeto atualmente selecionado.
Alt+Shift+clique	Seleciona o objeto que está na frente do objeto atualmente selecionado.
Shift+clique	Seleciona os itens adjacentes ou um fragmento de texto. Clique no início de uma seleção, vá para o fim da seleção e mantenha pressionada a tecla Shift enquanto clica.
Shift+arrastar (ao redimensionar)	Mantenha pressionada a tecla Shift enquanto arrasta um objeto para redimensioná-lo mantendo suas proporções.
Tecla Tab	Seleciona os objetos na ordem em que foram criados.
Shift+Tab	Seleciona objetos na ordem inversa em que foram criados.
Escape	Sai do modo atual.
Enter	Ativa um objeto de espaço reservado em uma nova apresentação (somente se o quadro estiver selecionado).

Ctrl+Enter	Move para o próximo objeto de texto no slide. Se não houver objetos de texto no slide, ou se você chegou ao último objeto de texto, um novo slide será inserido após o slide atual. O novo slide usará o mesmo layout do atual.
PageUp	Alterna para o slide anterior. Sem função no primeiro slide.
PageDown	Alterna para o próximo slide. Sem função no último slide.

Navegação com o teclado no classificador de slides

Teclas de atalho	Efeito
Escape	Define o foco para o primeiro slide.
Tecla de seta	Define o foco para o primeiro slide.
Barra de espaços	Torna o slide atual ativo.

EXERCÍCIOS – IMPRESS

1. **Assinale a questão correta.**
   a) O trabalho com o Impress inicia com um assistente que nos orienta na criação de uma apresentação vazia ou a partir de um modelo ou, ainda, com base em uma apresentação existente.
   b) O trabalho com o Impress inicia no Modo Estrutura de Tópicos, em que podemos escolher a estrutura da apresentação que utilizaremos.
   c) O Impress permite criar arquivos que poderão ser lidos e apresentados no Writer.
   d) O Assistente permite a criação automática de apenas um slide. A criação de slides subsequentes se dá pelo Modo de classificação de slides. Não há o recurso de montar uma apresentação com vários slides como, por exemplo, para a Apresentação de uma Empresa.

2. **Assinale a questão incorreta.**
   a) As apresentações no Impress podem conter, além de imagens, sons e até mesmo clipes de vídeo.
   b) Uma apresentação em Impress é definida como uma coleção de slides organizados para serem apresentados em uma sequência.
   c) Ao iniciarmos uma nova Apresentação com base em um modelo, estaremos usando um slide com layout padrão, com o conteúdo escrito por nós, para todo o trabalho.
   d) Ao exportarmos uma apresentação para o formato.pdf, somente o slide selecionado será exportado, e não toda a apresentação.

3. **Assinale a questão incorreta.**
   a) As apresentações no Impress possuem a extensão.odp.
   b) As apresentações no Impress podem ser editadas no Modo Normal.
   c) Uma apresentação montada no Impress pode ser salva com a extensão.ppt, o que permite que usuários do Microsoft Powerpoint a utilizem.
   d) Uma apresentação salva como Modelo de estrutura leva a extensão.pot.

4. **Assinale a questão incorreta.**
   a) O modo de exibição Apresentação de slides permite a edição dos slides.
   b) O modo de exibição Classificador de slides exibe slides em miniatura, permitindo a cópia, duplicação e alteração de ordem.
   c) O modo de exibição Notas permite ao apresentador inserir comentários no slide para sua orientação durante uma palestra, por exemplo. Essas notas não serão vistas na Apresentação.
   d) O modo de exibição Normal permite editar os slides, ou seja, criá-los, modificá-los etc.

5. **Assinale a questão incorreta.**
   a) Uma figura pode ser inserida na Apresentação com a sequência: Menu Inserir, opção Figura e escolhendo **De um arquivo** ou **Digitalizar**.
   b) A Galeria é uma galeria de figuras disponíveis não só para o Impress, mas também para o Writer e Calc.
   c) Uma figura de Arquivo é uma figura que está gravada no HD.
   d) Uma figura também pode ser criada usando elementos da Barra de ferramentas Desenho, a qual só é encontrada no Impress por ser este um aplicativo gráfico.

6. **Assinale a questão incorreta.**
   a) A criação de um novo slide só é possível com a colocação do trabalho no Modo Classificador.
   b) A criação de um novo slide é possível no Modo Folheto bastando selecionar, no Menu Inserir, a opção Novo Slide.
   c) O botão ![], na Área de trabalho do Impress, ativa o Modo de Apresentação de slides.
   d) O botão ![], na Área de trabalho do Impress, insere um novo slide na Apresentação.

7. **Assinale a questão incorreta.**
   a) A forma como um slide muda para o seguinte pode ter vários efeitos. A isso chamamos transição.
   b) A transição pode ocorrer clicando no mouse, acionando a tecla Enter ou a barra de espaço ou, ainda, por decurso de tempo predeterminado em minutos.
   c) A transição de slides pode ser aplicada a apenas um slide ou a toda a apresentação.
   d) No modo de classificação de slides podemos definir a transição clicando com o botão direito sobre a figura. Surgirá um menu rápido com a opção Transição de slides.

8. **Assinale a questão incorreta.**
   a) Algumas figuras no Impress podem ser desmembradas em pedaços. Esses pedaços podem ser manipulados e ter suas características alteradas.
   b) A divisão de uma figura em frações menores é conseguida pela opção Ordem do Menu Formatar, após selecionada a figura.
   c) A divisão de uma figura em frações menores é denominada Desagrupar. Esse efeito é obtido após clicar com o botão direito sobre a figura e selecionar a opção Desagrupar do menu rápido.
   d) Para movermos toda uma figura que esteja desagrupada é necessário selecionarmos todas as partes da mesma. Caso contrário, alguma parte poderá ser perdida durante o movimento. Podemos também Agrupá-la e movê-la como um todo.

9. **Assinale a(s) questão(ões) correta(s).**
   a) Selecionada uma figura e clicando-se no botão direito do mouse, no menu rápido apresentado, podemos desagrupar uma figura, se o seu formato permitir.
   b) A junção de frações de uma figura tornando-a um único objeto denomina-se Agrupamento.
   c) Ao serem criadas, as figuras assumem uma posição mais à frente na tela. Assim, as figuras mais antigas vão se posicionando em planos cada vez mais atrás em relação ao primeiro plano da tela.
   d) O posicionamento de figuras em relação aos planos pode ser alterado levando a figura mais para a frente ou mais para trás.

10. **Assinale a questão incorreta.**
    a) No Impress, nas configurações padrão, para iniciarmos a Apresentação de slides a partir do slide atual clicamos no ícone .
    b) Para iniciarmos a Apresentação a partir do slide atual teclamos F5.
    c) O Impress permite criar arquivos que poderão ser lidos e apresentados no Calc.
    d) A Transição de slides é o efeito aplicado para a passagem de um slide para outro, ou seja, o modo de entrada do slide.

11. **Assinale a questão incorreta.**
    a) No Impress contamos com o Painel de Tarefas do lado direito da Área de trabalho. Para exibi-lo selecionamos a opção Painel de Tarefas no Menu Exibir.
    b) A Animação personalizada é o efeito aplicado a cada objeto de um slide e que define como o objeto se comportará durante a exibição daquele slide do qual ele faz parte.
    c) A área de transferência do Impress armazena 24 objetos.
    d) A área de transferência do Impress armazena apenas um objeto de cada vez.

GABARITO DOS EXERCÍCIOS – IMPRESS

1.	A	5.	D	9.	C, C, C, C
2.	D	6.	A	10.	C
3.	D	7.	B	11.	C
4.	A	8.	B		

Navegadores e Correio eletrônico

Antes de começarmos este assunto, precisamos fazer um esclarecimento. Os softwares que serão apresentados aqui não fazem parte do BrOffice, tema deste livro. Mas muitos usuários acabam confundindo, e isto tem uma razão. Como já vimos, o BrOffice é um conjunto de softwares *freeware* (gratuitos). E o que iremos estudar também é *freeware*. Também é comum a confusão de se julgar que esses aplicativos são exclusividade do Sistema Operacional Linux. Isso também é um equívoco. O que iremos ver são programas que podem ser baixados gratuitamente na Internet, mas que podem ser usados normalmente no ambiente Windows. E então você deve estar se perguntando: se não faz parte do BrOffice, por que está neste livro? Em primeiro lugar, porque muitos leitores da primeira edição deste livro solicitaram este assunto. Depois, porque o assunto ainda não havia sido abordado e vem sendo solicitado nos concursos. E como muita gente faz a tal confusão citada acima, resolvi aderir. Afinal, "a voz do povo é a voz de Deus". Pronto! Certo ou errado, lá vai o assunto como "brinde" no pacote BrOffice.

NAVEGADORES OU BROWSERS

Um browser ou navegador é um programa que nos permite navegar na Internet. Aqui abordaremos o Mozilla Firefox por ser da categoria *freeware*, mas existem outros como o Google Chrome, Opera e Safari.

A ÁREA DE TRABALHO DO MOZILLA FIREFOX

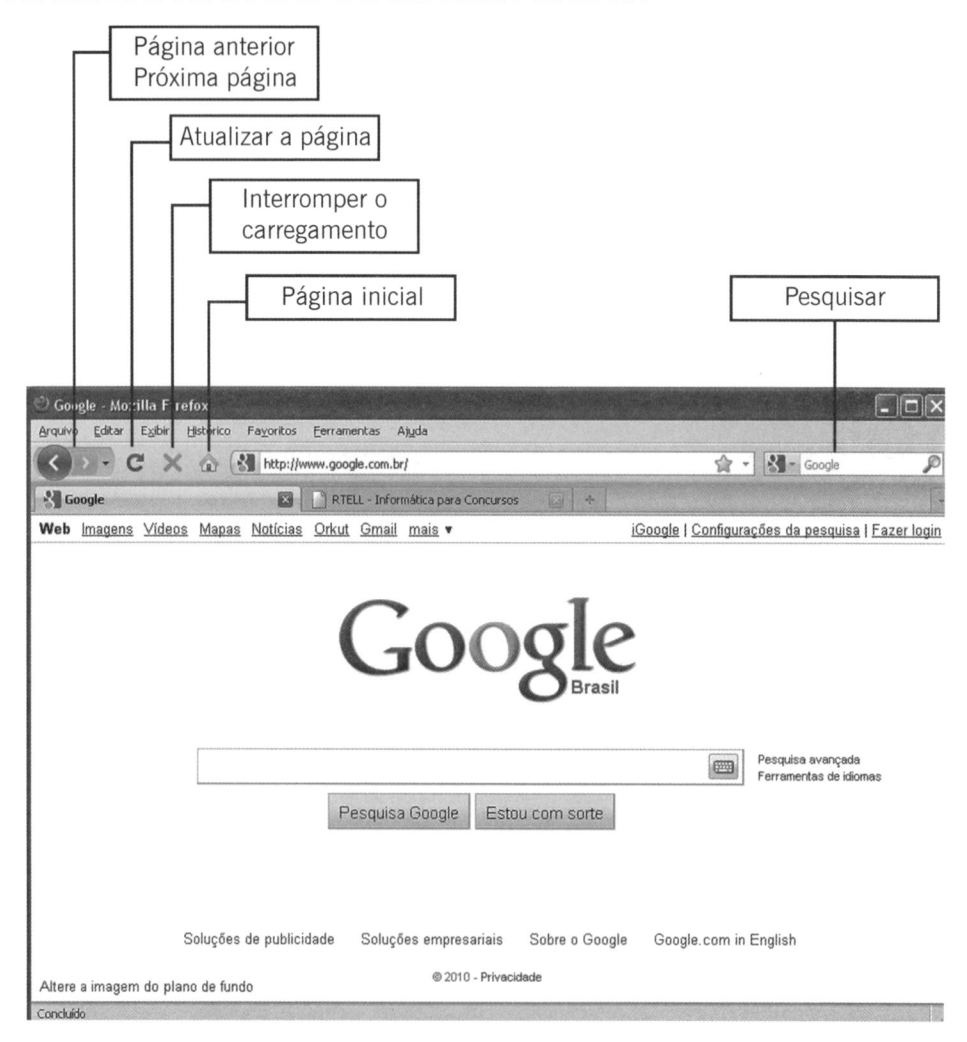

Página anterior
Próxima página

Atualizar a página

Interromper o carregamento

Página inicial

Pesquisar

BOTÕES DO MOZILLA FIREFOX

	Página anterior / Próxima página	Avança ou volta para uma página já visitada.
	Interromper o carregamento	Para de efetuar o download de uma página.
	Atualizar	Quando visitamos as páginas da Internet, estas são gravadas no disco rígido, para que em uma próxima visita o acesso a ela seja mais rápido. Neste caso estaremos visitando a página gravada e não a própria Internet.

		Estas páginas gravadas são chamadas Arquivos Temporários da Internet. Mas pode acontecer que a página gravada já esteja desatualizada. Neste caso, o botão Atualizar força a visita à página real, atualizando-a. **Tecla de atalho: F5**
	Página inicial	Página inicial é a página que escolhemos para ser a primeira que surge quando abrimos o navegador. É a nossa página preferida, normalmente. Não confunda com **home page** de um site. Uma home page é a primeira página de cada site, ou seja, a primeira que acessamos quando visitamos um site qualquer.
	Pesquisar	Permite a pesquisa na Internet utilizando o site de busca configurado no computador. (MSN, Google, etc)

PRINCIPAIS CARACTERÍSTICAS DO MOZILLA FIREFOX

Além das características comuns a todos os navegadores como Histórico, Favoritos etc. destacam-se as seguintes:

Navegação privativa

Este recurso faz com que nenhum rastro da navegação seja armazenado, incluindo histórico, cookies e arquivos temporários. Útil quando você estiver usando um computador de outra pessoa.

Limpar histórico recente

Esta opção, encontrada no menu da figura anterior, permite remover os dados de navegação armazenados pelo Firefox apenas de um determinado período. Por exemplo, apenas das últimas 4 horas.

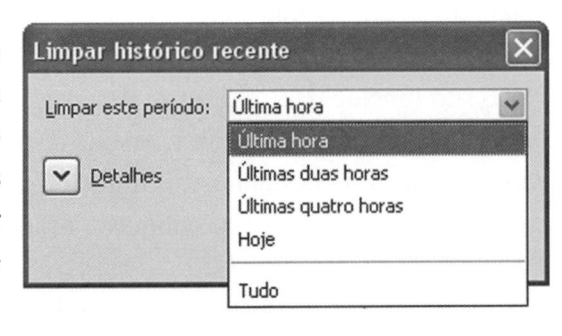

Denunciar este site como falso

Este é um recurso do Menu Ajuda destinado a ajudar a manter a Web segura e eliminar sites de phishing.

O usuário informa sobre um site suspeito, fornecendo a URL e um comentário.

Será necessário confirmar o envio da informação por meio do CAPTCHA (letras de identificação) apresentado na tela.

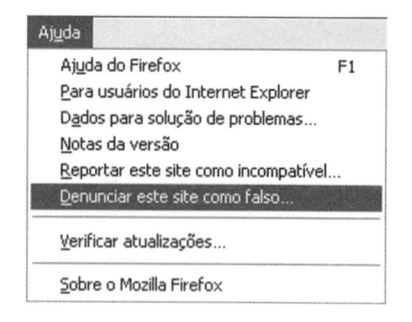

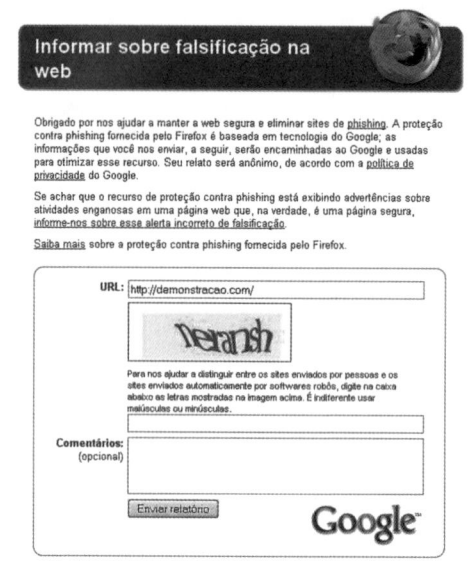

O Correio eletrônico, como funciona

Um dos recursos tecnológicos que mais contribuiu para a integração entre as pessoas e para a agilidade do mundo dos negócios foi, sem dúvida, o correio eletrônico (em inglês, eletronic mail, ou apenas e-mail).

Na atualidade, possuir um e-mail é quase tão banal como possuir um telefone. A maioria de nós possui uma caixa postal onde recebemos nossos e-mails. Mas como isto funciona? Este assunto foi estudado no nosso livro *Descomplicando a Informática para Concursos* praticamente da mesma forma que faremos aqui. Mas naquele trabalho abordamos o Outlook Express, um software gerenciador de e-mails nativo do Microsoft Windows. Aqui falaremos do Mozilla Thunderbird ou simplesmente Thunderbird.

O Thunderbird, assim como o Outlook, é um cliente de e-mail, o que significa que ele existe para gerenciar nossas contas e nossos e-mails.

Sugiro que você faça o download do Thunderbird e o instale para facilitar o estudo. É só procurar em qualquer site de busca pelo nome Thunderbird.

Existem duas maneiras de acessarmos nossos e-mails. Uma denominada webmail, onde não precisamos instalar nenhum programa no computador. De qualquer computador, como o de uma lan house, podemos verificar nossos e-mails. A outra forma é quando usamos o gerenciador, neste caso, o Thunderbird. Veja na ilustração a seguir.

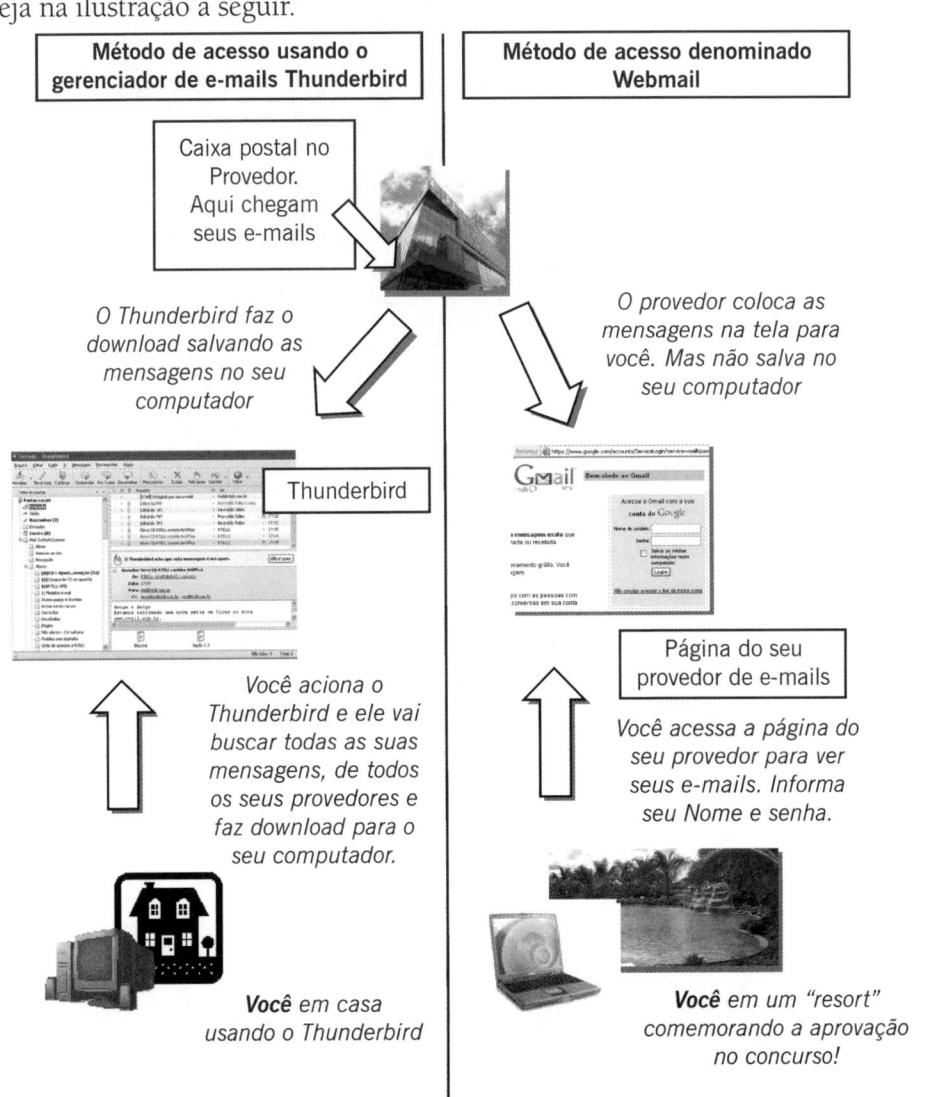

Método de acesso usando o gerenciador de e-mails Thunderbird	Método de acesso denominado Webmail
Caixa postal no Provedor. Aqui chegam seus e-mails	
O Thunderbird faz o download salvando as mensagens no seu computador	O provedor coloca as mensagens na tela para você. Mas não salva no seu computador
Thunderbird	
	Página do seu provedor de e-mails
Você aciona o Thunderbird e ele vai buscar todas as suas mensagens, de todos os seus provedores e faz download para o seu computador.	Você acessa a página do seu provedor para ver seus e-mails. Informa seu Nome e senha.
Você em casa usando o Thunderbird	Você em um "resort" comemorando a aprovação no concurso!

A TELA DO THUNDERBIRD

A semelhança com a tela do Outlook é muito grande. Mas temos alguns detalhes importantes a comentar.

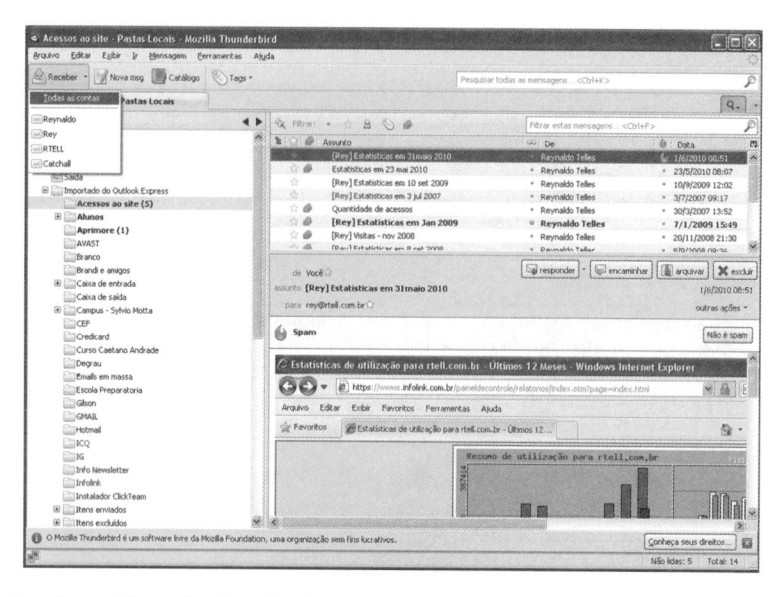

Instalando o Thunderbird – durante a instalação, o Thunderbird pergunta se você deseja importar os dados de seu atual gerenciador. Se você utiliza o Outlook, poderá importar todas as configurações, endereços e mensagens armazenadas.

Recebendo e-mails – Podemos receber e-mails de uma conta específica ou de todas. Basta clicar no botão Receber, na barra de ferramentas e selecionar a opção desejada. Observe na figura, o menu ao lado do botão Receber.

Catálogo – O botão Catálogo nos permite ver o nosso Catálogo de endereços. Observe a seguir o Catálogo apresentando os endereços de meus contatos (por questões de privacidade estou exibindo meus dados como se fossem contatos.)

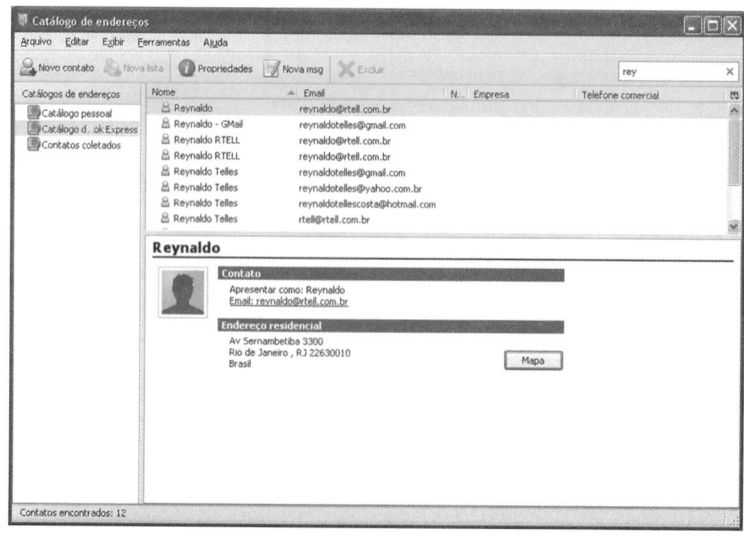

E, acredite, se você clica no botão Mapa, surgirá o mapa e até fotos do endereço! Onde é que a gente vai parar! Veja a seguir o Mapa gerado pelo Google Maps.

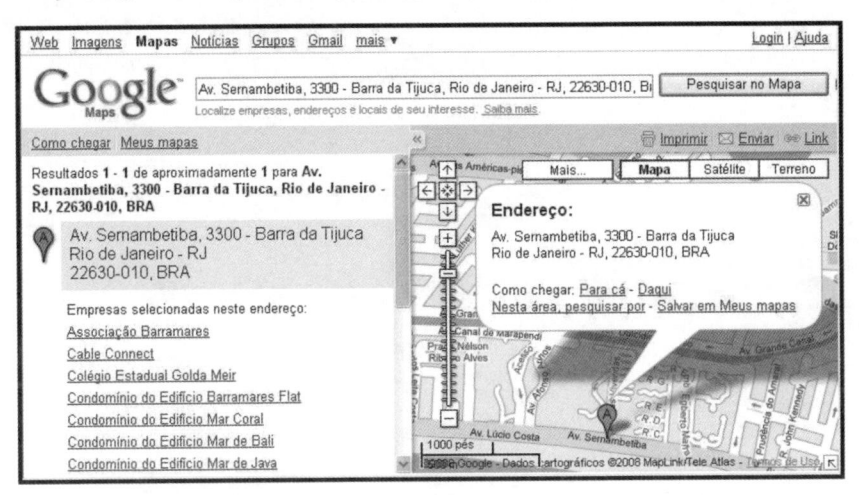

Tags – o botão Tags permite marcar com cores diferentes as mensagens. Isto facilita o controle do usuário.

Spam – aqui temos uma importante novidade. O Thunderbird possui filtro anti-spam. Assim, quando ele suspeita que um e-mail é spam, ele o marca com o ícone da "chaminha". Mas, se você tem certeza de que não é, basta selecionar o e-mail e clicar no botão **Não é spam**.

Protocolos – vale lembrar que, assim como o Outlook, o Thunderbird precisa ter configuradas as contas de e-mail para ser utilizado. E, é claro, temos que configurar os protocolos POP3 e SMTP. Recordando: POP3 é o protocolo de **Recebimento** de e-mails; SMTP é o protocolo de **Envio**.

ENVIANDO E-MAIL

A seguir temos a tela do Thunderbird enviando um e-mail.

Detalhes importantes:
– A lista de Contatos pode ser exibida clicando-se no botão Contatos.
– No campo **Para:** selecionamos para quem enviar; **Cc:** com cópia; **Cco:** com cópia oculta
– O botão Segurança permite criptografar a mensagem.

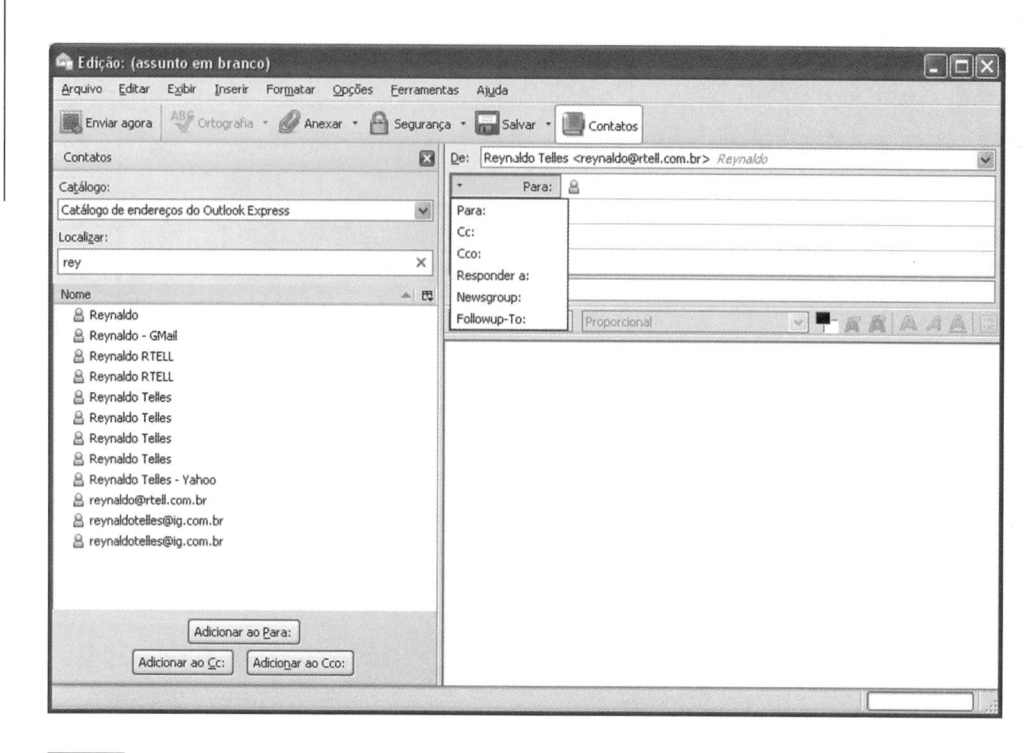

EXERCÍCIOS – CORREIO ELETRÔNICO

1. **Assinale a(s) resposta(s) incorreta(s):**
   a) O Outlook Express, da Microsoft, assim como o Thunderbird, são gerenciadores de e-mails "freeware".
   b) O Outlook Express, da Microsoft, assim como o Thunderbird, são clientes de e-mail.
   c) Para utilizarmos o Thunderbird precisamos apenas instalar dois programas adicionais: o POP3 e o SMTP.
   d) Quando utilizamos o método de acesso aos nossos e-mails denominado Webmail não precisamos instalar nenhum programa no computador.

2. **Assinale a(s) resposta(s) incorreta(s):**
   a) Ao utilizarmos um cliente de e-mail temos a possibilidade de salvar as mensagens no nosso computador, retirando-as do nosso provedor.
   b) É possível se configurar um cliente de e-mail para que ele, mesmo fazendo "download" de nossos e-mails, mantenha uma cópia no provedor.
   c) Por padrão, o método de acesso denominado Webmail não faz "download" de nossas mensagens mas as mantém na nossa caixa postal.
   d) A possibilidade de salvar nossas mensagens no nosso computador, propiciada pelos clientes de e-mail, não é mais necessária nos dias atuais, pois todos os provedores mantêm, sem limite de espaço ou data, todas as nossas mensagens armazenadas.

3. **Assinale a(s) resposta(s) incorreta(s):**
   a) Após instalarmos o Thunderbird temos a facilidade de importar todas as configurações do Outlook como contas e mensagens armazenadas.
   b) Uma desvantagem de um gerenciador de e-mails é que não podemos baixar as mensagens de várias contas ao mesmo tempo; é necessário se fazer o login em cada conta separadamente.
   c) Uma vantagem de um gerenciador de e-mails sobre o método Webmail é que podemos baixar as mensagens de várias contas ao mesmo tempo; não é necessário se fazer o login em cada conta separadamente.
   d) Quando fazemos uso de um cliente de e-mail não temos as restrições de espaço para a armazenagem decorrentes do tamanho de nossa caixa postal no nosso provedor. Isto se deve ao fato de que o espaço que utilizamos para armazenamento está no nosso computador. Logo, a nossa limitação dependerá apenas do espaço disponível no nosso equipamento.

4. **Assinale a(s) resposta(s) incorreta(s):**
   a) O botão Catálogo do Thunderbird nos permite ver o nosso Catálogo de endereços.
   b) O Catálogo do Thunderbird nos permite ver o nosso Catálogo de endereços importados do Outlook da Microsoft.
   c) O Catálogo do Thunderbird nos permite gerar um mapa utilizando o Google Maps. Assim, podemos localizar facilmente o endereço de um de nossos contatos armazenados.
   d) O Catálogo do Thunderbird nos permite gerar um mapa utilizando o Google Maps mas apenas para os endereços da América do Norte e Europa que são as únicas áreas cobertas pelos satélites utilizados pelo Google para fotografar o ambiente terrestre.

5. **Assinale a(s) resposta(s) correta(s):**
   a) O botão Marcadores, encontrado no Thunderbird, permite marcar com cores diferentes as mensagens. Isto facilita o controle do usuário.
   b) O botão Marcadores, encontrado no Thunderbird, permite cinco opções: Importante, Trabalho, Particular, Pendente, Adiar.
   c) O botão Marcadores, encontrado no Thunderbird, além de suas opções apresentadas por padrão, nos permite criar novas opções com outras cores.
   d) O Thunderbird é um cliente de e-mail freeware.

6. **Assinale a(s) resposta(s) correta(s):**
   a) Spam são mensagens recebidas de fontes confiáveis e que só nos são enviadas mediante nossa solicitação ou autorização.
   b) Mensagens caracterizadas como spam nunca contêm algo que possa danificar nosso computador.
   c) Spam é também conhecido como e-mails de massa e podem apresentar ou não conteúdo nocivo ao nosso computador.
   d) O Thunderbird possui filtro anti-spam.

7. **Assinale a(s) resposta(s) incorreta(s):**
   a) Protocolos são regras utilizadas em redes para diversas tarefas, permitindo a comunicação entre computadores.
   b) O principal e mais conhecido protocolo da Internet é o TCP/IP.
   c) Quando estamos utilizando um gerenciador de e-mails precisamos, na maioria dos casos, configurar nossas contas. Para isto precisamos configurar os protocolos POP3 e SMTP.
   d) Ainda não existe no mercado mundial um provedor de e-mails e um cliente que nos permita fazer a configuração automática das chamadas contas POP.

8. **Assinale a resposta correta:**
   a) Para recebermos mensagens utilizando um cliente de e-mail precisamos configurar o protocolo TCP/IP de cada conta individualmente.
   b) Na contas denominadas contas POP ou POP3 precisamos configurar dois protocolos individualmente: o POP3 para enviar nossas mensagens e o SMTP para recebê-las.
   c) Quando estamos enviando mensagens normalmente mas não estamos conseguindo receber é provável que tenhamos um erro de configuração do protocolo SMTP.
   d) O protocolo denominado POP3 é o responsável pelo recebimento das mensagens e o SMTP pelo envio.

9. **Assinale a(s) resposta(s) incorreta(s):**
   a) Um recurso para garantir que o destinatário receba a mensagem é encontrado no Thunderbird. Chama-se criptografia e, para utilizá-lo, basta utilizar o botão Segurança encontrado na barra de ferramentas.
   b) Na barra de menus do Thunderbird, na opção Opções, encontramos o item Confirmação de leitura.
   c) O Thunderbird possui um botão denominado Segurança que permite criptografar mensagens.
   d) Criptografar uma mensagem é codificá-la de modo que um usuário não autorizado não consiga lê-la.

10. **Assinale a(s) resposta(s) incorreta(s):**
    a) Ao prepararmos um e-mail devemos definir o(s) destinatário(s). No Thunderbird temos, entre outras, as seguintes opções: Para, Cc, Cco e Responder a.
    b) A opção Cc significa que enviaremos uma Cópia para o destinatário.
    c) A opção Cco define que será enviada uma cópia oculta para o destinatário.
    d) Ao enviarmos uma mensagem para vários destinatários, por questão de segurança, devemos colocar todos na opção Cc. Assim nos certificamos que todos receberão a mensagem já que a opção Cc significa Com cópia.

GABARITO

1. A; C
2. D
3. B
4. D
5. A, B, C, D
6. C, D
7. D
8. D
9. A
10. D

Bibliografia

Telles, Reynaldo. *Descomplicando a Informática para Concursos*. Rio de Janeiro: Editora Campus/Elsevier, 2009.

Ajuda do BrOffice 2.4

Informática para Concursos – http://www.rtell.com.br

Wikipédia – http://pt.wikipedia.org

http://www.broffice.org/

Índice remissivo

Abrir, 8, 23
Adic, 16, 19
Adicionar e excluir casas decimais, 84
Adobe reader, 6, 8
Agora, 94
Agrupando e desagrupando, 119
Ajuda, 7, 12, 59
Alinhamentos, 14
Alterações, 28
Alterando a largura das colunas e linhas, 73
Alterando a ordem das figuras, 120
Alterando dados digitados, 76
Alterar caixa, 41
Ancorar, 43-44
Apresentação, 110, 111
Arquivo, 22
Arred( ), 94
Assinaturas digitais, 25
Assistente de gráfico, 80
Assistente de mala direta, 55
Assistentes, 23
Ativando uma célula, 70
Atualizar, 56
Aumentar e diminuir recuo, 14
Autoajustar, 49
Autocorreção, 57

Autoformatação, 42
Autoformatar, 49
Autotexto, 29
Autoverificação ortográfica, 7, 8
Barra de ferramentas formatação, 12
Barra de ferramentas padrão do Writer, 7
Barra de status, 31
Barra de status do Writer, 15
Barras de ferramentas, 31
Base, 3, 19
Bloco, 17
Bordas da tabela, 50
Bordas, 85
Broffice, 3
Browser, 129
Calc, 3
Calcular, 57
Cálculos entre planilhas, 103
Campo padrão, 15
Campos, 31
Caractere especial, 33
Caractere, 39
Caracteres não imprimíveis, 10-12, 31
Catálogo, 134
Classificador de slides, 114
Classificar, 49, 57

Classificar em ordem crescente, 49-50
Classificar em ordem decrescente, 50
Colar, 27
Colar especial, 27
Colunas, 41
Comandos do menu arquivo, 23
Comandos do menu editar, 26
Comandos do menu exibir, 53
Comandos do menu ferramentas, 52
Comandos do menu formatar, 39
Comandos do menu inserir, 33
Comandos do menu tabela, 46
Comparar documento, 28
Configurações da impressora, 25
Configurando o broffice.org, 18
Cont.núm( ), 94
Cont.se(), 94
Contagem de palavras, 54
Converter, 49
Copiando e colando dados, 76
Copiar, 9
Correio eletrônico, 129, 132
Denunciar este site como falso, 132
Desfazer, 9, 26
Diferente, 91
Dispor – inverter – agrupar, 44
Dividir células, 48
Dividir tabela, 48
Divisão, 91, 93
Doc, 6
Documento, 5
Documentos recentes, 23
Editando documentos, 18
Editando uma célula, 74
Editar arquivo somente leitura, 7, 8
E-mail, 8
Envelope, 36
Enviando e-mail, 135

Enviar, 24
Espaçamento entre linhas, 14
Estilo e formatação, 13, 42, 86
Excluir, 47
Exportar, 24
Exportar como pdf, 8, 24
Ext, 17
Extensão, 5, 68, 110
Favoritos ou marcador, 36
Fechar, 23
Ferramentas, 52
Figura, 37
Filme e som, 37
Formatação condicional, 87
Formatação padrão, 39
Formatando células, 86
Formatar figura, 44
Formato .pdf, 6, 110
Formato do word, 6
Formato numérico, 50
Formato rich text, 5
Formato texto, 5
Formatos de figuras, 110
Fórmula, 50
Freeware, 8
Função agora( ), 99
Função e( ), 95, 98
Função ou(), 97
Função se(), 96
Funções, 92
Funções dos botões, 7, 77
Galeria, 54
Hiperlink, 34
Htm, 68, 110
Html, 5, 68, 110
Idioma, 16, 53
Igual, 91
Impress, 109

Imprimir, 8, 25
Índices e tabelas, 36
Inserindo formas e figuras, 112
Inserindo, excluindo, renomeando, Inserir, 32, 33
Intervalo, 91
Itálico, 14
Layout da web, 31
Layout de impressão, 31
Legenda, 35
Limites do texto, 31
Limpar histórico recente, 131
Linux, 3
Listas de classificação, 89
Localizar e substituir, 29
Macro, 56
Maior ou igual, 91
Maior, 91
Marca de formatação, 33
Marcadores e numeração, 40
Média, 94
Menor, 91
Menor ou igual, 91
Menu ajuda, 59
Menu arquivo, 22
Menu editar, 26
Menu exibir, 30
Menu formatar, 38
Menu inserir, 32
Menu janela, 59
Menu tabela, 45
Mesclar células, 47, 82
Mesclar tabela, 48
Mínimo, 93
Mod, 94
Modelo de apresentação, 110
Modelo do documento, 5
Modelos, 25

Modo de anotações, 117
Modo de apresentação - ou tecla f5, 116
Modo de folheto, 118
Modo de inserção, 16
Modo de seleção, 16, 27
Moeda, 83
Mostrar funções de desenho, 7, 10
movendo e copiando planilhas, 74
Movimentando o cursor, 21
Mozilla Firefox, 130
Multiplicação, 91, 93
Navegação com o teclado no classificador de slides, 126
Navegação privativa, 131
Navegador, 10, 29, 129
Negrito, 14
Nota de rodapé, 51, 57
Nota, 36
Novo, 8, 23
Novo slide, 113
Numeração da estrutura de tópicos, 54
Numeração das páginas, 15
Numeração de linhas, 54
Objeto, 37
Odp, 110
Ods, 68
Odt, 5
Openoffice, 3
Otp, 110
Ots, 68
Ott, 5
Padrão, 116
Página da web, 68, 110
Página, 40
Parágrafo, 39
Pdf, 6, 110

Personalizando animação, 122
Pincel, 9
Planilha, 68
Porcentagem, 91
Potência, 91, 93
Procv( ), 95
Propriedades, 24
Proteger células, 48
Protocolos, 135
Quadro flutuante, 37
Quadro, 36
Quebra automática, 43
Quebra de coluna, 33
Quebra manual, 33
Raiz, 94
Realçar, 14
Recarregar, 24
Recebendo e-mails, 134
Recortar, 8
Recortar, copiar, 27
Refazer, 10, 26, 77
Referência, 36
Referência absoluta, 102
Referência mista, 100
Referência relativa, 99
Régua, 31
Repetição de linhas de título, 49
Repetir, 26
Rodapé, 35
Salvar como, 23
Salvar tudo, 23
Salvar, 7, 23
Seção, 34
Seções, 42
Selecionando células adjacentes, 70, 71
Selecionando células não adjacentes, 71

Selecionando uma coluna, 72
Selecionando uma linha ou toda a planilha, 72
Selecionar texto, 27
Selecionar trechos, 19
Selecionar tudo, 27
Selecionar, 47
Soma, 78, 91, 93
Sombreamento de campos, 31
Spam, 135
Sublinhado, 14
Subtração, 91, 93
Tabela, 10, 37
Tags, 135
Teclas de atalho do impress, 125
Teclas de atalho em apresentações de slides, 124
Teclas de atalho na exibição normal, 124
Teclas de função para apresentações, 123
Tela inteira, 31
Thunderbird, 133, 134
Tipo de arquivo, 68
Tipos de gráfico, 80
Trabalhando com figuras, 119
Transição de slides, 120
Txt, 5
União, 91
Verificação ortográfica, 8, 52
Versões, 24
Visualizar no navegador Web, 25
Visualizar página, 25
Writer, 5
Xhtml, 5, 110
Zoom, 12, 31, 124

Conheça também ...

Descomplicando a Informática para Concursos
Teoria, prática e questões
de Reynaldo Telles
Série: Provas e Concursos
ISBN: 978-85-352-3498-5
Páginas: 312

Descomplicando a Informática para Concursos em Exercícios
Mais de 700 questões comentadas com gabarito
de Reynaldo Telles
Série Questões
ISBN: 978-85-352-3866-2
Páginas: 264

Conheça também ...

Português Essencial para Concursos
Temas fundamentais e exercícios
de Maria Augusta Guimarães de Almeida
Série Provas e Concursos
ISBN: 978-85-352-3866-2
Páginas: 264

Faça e Passe – Português
2.000 questões para concursos e vestibulares com gabarito
de A. Oliveira Lima
Série Questões
ISBN: 978-85-352-3627-9
Páginas: 512

Cartão Resposta

050120048-7/2003-DR/RJ
Elsevier Editora Ltda

CORREIOS

ELSEVIER

SAC | 0800 026 53 40
ELSEVIER | sac@elsevier.com.br

CARTÃO RESPOSTA

Não é necessário selar

O SELO SERÁ PAGO POR
Elsevier Editora Ltda

20299-999 - Rio de Janeiro - RJ

Acreditamos que sua resposta nos ajuda a aperfeiçoar continuamente nosso trabalho para atendê-lo(la) melhor e aos outros leitores.
Por favor, preencha o formulário abaixo e envie pelos correios.
Agradecemos sua colaboração.

Seu Nome: _____

Sexo: ☐ Feminino ☐ Masculino   CPF: _____

Endereço: _____

E-mail: _____

Curso ou Profissão: _____

Ano/Período em que estuda: _____

Livro adquirido e autor: _____

Como ficou conhecendo este livro?

☐ Mala direta   ☐ E-mail da Elsevier
☐ Recomendação de amigo   ☐ Anúncio (onde?) _____
☐ Recomendação de seu professor?
☐ Site (qual?) _____   ☐ Resenha jornal ou revista
☐ Evento (qual?) _____   ☐ Outro (qual?) _____

Onde costuma comprar livros?

☐ Internet (qual site?) _____
☐ Livrarias ☐ Feiras e eventos ☐ Mala direta

☐ Quero receber informações e ofertas especiais sobre livros da Elsevier e Parceiros

Qual(is) o(s) conteúdo(s) de seu interesse?

Jurídico - ☐ Livros Profissionais ☐ Livros Universitários ☐ OAB ☐ Teoria Geral e Filosofia do Direito

Educação & Referência - ☐ Comportamento ☐ Desenvolvimento Sustentável ☐ Dicionários e Enciclopédias ☐ Divulgação Científica ☐ Educação Familiar ☐ Finanças Pessoais ☐ Idiomas ☐ Interesse Geral ☐ Motivação ☐ Qualidade de Vida ☐ Sociedade e Política

Negócios - ☐ Administração/Gestão Empresarial ☐ Biografias ☐ Carreira e Liderança Empresariais ☐ E-Business ☐ Estratégia ☐ Light Business ☐ Marketing/Vendas ☐ RH/Gestão de Pessoas ☐ Tecnologia

Concursos - ☐ Administração Pública e Orçamento ☐ Ciências ☐ Contabilidade ☐ Dicas e Técnicas de Estudo ☐ Informática ☐ Jurídico Exatas ☐ Língua Estrangeira ☐ Língua Portuguesa ☐ Outros

Universitário - ☐ Administração ☐ Ciências Políticas ☐ Computação ☐ Comunicação ☐ Economia ☐ Engenharia ☐ Estatística ☐ Finanças ☐ Física ☐ História ☐ Psicologia ☐ Relações Internacionais ☐ Turismo

Áreas da Saúde - ☐ Anestesia ☐ Bioética ☐ Cardiologia ☐ Ciências Básicas ☐ Cirurgia ☐ Cirurgia Plástica ☐ Cirurgia Vascular e Endovascular ☐ Dermatologia ☐ Ecocardiologia ☐ Eletrocardiologia ☐ Emergência ☐ Enfermagem ☐ Fisioterapia ☐ Genética Médica ☐ Ginecologia e Obstetrícia ☐ Imunologia Clínica ☐ Medicina Baseada em Evidências ☐ Neurologia ☐ Odontologia ☐ Oftalmologia ☐ Ortopedia ☐ Pediatria ☐ Radiologia ☐ Terapia Intensiva ☐ Urologia ☐ Veterinária

Outras Áreas - _____

Tem algum comentário sobre este livro que deseja compartilhar conosco?

_____

* A informação que você está fornecendo será usada apenas pela Elsevier e não será vendida, alugada ou distribuída por terceiros sem permissão preliminar.
* Para obter mais informações sobre nossos catálogos e livros por favor acesse **www.elsevier.com.br** ou ligue para **0800 026 53 40.**

Este livro foi impresso nas oficinas gráficas da Editora Vozes Ltda.,
Rua Frei Luís, 100 – Petrópolis, RJ.